Klaus Berger

Von der Schönheit
der Ethik

Insel Verlag

2006
© Insel Verlag Frankfurt am Main und Leipzig 2006
Alle Rechte vorbehalten, insbesondere das der Übersetzung,
des öffentlichen Vortrags sowie der Übertragung
durch Rundfunk und Fernsehen, auch einzelner Teile.
Kein Teil des Werkes darf in irgendeiner Form
(durch Fotografie, Mikrofilm oder andere Verfahren)
ohne schriftliche Genehmigung des Verlages reproduziert
oder unter Verwendung elektronischer Systeme
verarbeitet, vervielfältigt oder verbreitet werden.
Satz und Druck: Memminger MedienCentrum AG
Printed in Germany
Erste Auflage 2006
ISBN 3-458-17298-X

1 2 3 4 5 6 – 11 10 09 08 07 06

Inhalt

Inhalt

Aufbau einer nicht-normativen Ethik

Das emotionale Element

Inhalt

Die Konsequenzen

Sünde und Schuld – Verfehlung und Vergebung

Ethik der Herrlichkeit

Für Emil Schmalohr

Einführung

»Schönheit ist der Glanz der Ordnung«, so lautet die Definition der Schönheit bei Thomas von Aquin. Kann es also sein, daß so unterschiedliche Dinge wie Ordnung und leuchtender Glanz etwas miteinander zu tun haben? Sollte Ordnung nicht nur langweilig, schematisch und tödlich sein, sondern schön und voller Glanz? Und wenn man daraus lebt, von daher die Kraft zum Lebendigsein und die Maßstäbe des Lebens bezieht – sollte das die beiden wichtigsten Probleme der Ethik lösen, die Frage der Motivation und des Maßstabs? Und wird der Glanz der Ordnung etwa auch dann noch wirksam, wenn es um das undurchdringliche Geheimnis von Sünde und Verbrechen geht? Kann der Glanz der Ordnung bis in die dunkelsten Kellergewölbe der Schuld hineinstrahlen?

Vielleicht hat ja die Kunst zu leben etwas zu tun mit der filigranen Kunst der Rosetten, Turmspitzen und Wasserspeier gotischer Dome. Es könnte sein, daß die Schönheit klassischer Kunst etwas zu sagen hat zur Frage der Wertordnungen des Lebens. Und daß die Art, in der die beiden Bücher der Schrift, das Alte und das Neue Testament, aufeinander verweisen, ein Stück Kunst des großen Gottes ist. Wird nicht solches im Gesamtkunstwerk klassischer Liturgien gefeiert? – Am Ende will es jedoch scheinen, daß alle diese lichtvollen Ordnungen, die einander kommentieren, ihren gemeinsamen Nenner in göttlicher Begeisterung tragen, die uns aus jedem Teilstück ihr Funkeln, Strahlen und Leuchten zuschickt.

Als ich anfing, dieses Buch zu schreiben, lag das Foto eines lichtdurchfluteten spätgotischen Kreuzgangs zufällig bei den Papieren neben dem Bildschirm. Ein Freund hat es in Maulbronn aufgenommen. Das überaus edle Kreuzrippengewölbe ist wie ein Stück erdennaher Himmel aus Stein, der zu atmen scheint und ganz leicht über dem Boden schwebt. Der Boden zeigt die Schatten der eleganten Fensterstücke. Filigranartige Faszination. Mein zisterziensisches Herz schlägt höher. Ist es genau das, was mir in diesem Buch vorschwebt?

Denn zu einem Kreuzgang gehören Menschen, die hindurchgehen, die sich prägen lassen durch Licht und Rhythmus. So trägt das

Schauen beim Hindurchschreiten zur Stabilisierung eines unruhigen Herzens bei. Wohl tausend Kreuzgänge habe ich gesehen, überall dieselbe Ordnung, doch keiner gleicht dem anderen. Die quadratische Form des Umgangs bildet die Welt ab. In jedem Kreuzgang wird der Welt die Ordnung vorgeführt, die sie haben sollte, könnte, darf. Wer den Gang durchschreitet, mißt die Bewegung an dem, was ruht.

Neben dem Bild des Kreuzgangs steht das des zwölftorigen Leuchters in der Vierung romanischer Dome, das himmlische Jerusalem darstellend. Denn so wird denen, die zum Altar hinblicken, das Ziel des ganzen Unternehmens Heilsgeschichte vor Augen geführt. Nicht ein abstraktes Symbol, nicht ein frommer Spruch, sondern eine menschenfreundliche Großstadt ist das Ziel unseres Weges, eine glanzvolle Ordnung. Die Pilgernahrung auf dem Weg ist der Blick auf das Ziel. Viele Menschen sind ohne Ziel. Hier ist eines: aus Schönheit und Licht. Aber etwas, das über eine bloße Menschenansammlung in einer Großstadt weit hinausgeht.

Kreuzgang und Radleuchter sind nicht Bilder aus dem Jenseits, sondern Erinnerung an die Zukunft, Schulungshallen und für moderne Menschen immer noch wie Touristen-Führer, die zu den wahren Kostbarkeiten führen. Diese sind nie nur »innerlich«, sondern immer innen und außen zugleich.

Als Friedrich Schiller die »Ordnung« als Himmelstochter anredete, meinte er dies gewiß nicht in einem kleinlich-muffigen spießbürgerlichen Sinn, sondern als »heilige Ordnung« voller »Segen«. Ordnung also als die Voraussetzung zum Frieden?

Von der Schönheit der Ethik – das heißt: Lebenskunst gründet aus meiner Sicht nicht in saurer Moral, sondern hat etwas mit Kunst zu tun, mit der Freude am Erbauen eines goldenen Hauses. Läßt sich also das, was wir tun, unser moralisches Handeln, herleiten, begründen und motivieren aus einer ästhetischen Erfahrung? Aus einer Art Vision? Denn wenn es so eine in »idealer Vision geschaute« Ordnung gibt (Schöpfung) oder geben wird (Eschatologie), dann wird man sie um so leichter zum Gesetz des Handelns machen, je mehr man sie lieben kann.

Wie sind Ethik und Ästhetik einander zugeordnet? Die Ethik wird nicht einfach auf oberste Normen zurückgeführt, auch nicht einfach durch eine Wertphilosophie ersetzt. Sondern die Ethik wird auf der Wahrnehmung von etwas, das ich Ordnung nenne, begründet. Diese Wahrnehmung ist das eigentlich Ästhetische. Denn in der Wahrnehmung erschließen sich Schönheit und Liebe zur Ordnung. Das heißt: Die Ordnung wird ästhetisch wahrgenommen, also in folgenden Elementen:

– in ihren Anforderungen und Werten,
– in ihrer Schönheit,
– in ihrem Appellcharakter an die Emotionen (Freude, Liebe).

Was will eine Ethik überhaupt erreichen? In meinen Augen handelt eine Ethik weniger von Einzelvorschriften, wie z. B. Standesethik des Apothekers, sondern von plausiblen gedanklichen Grundlagen dafür, daß es überhaupt Regeln des Lebens geben kann und soll.

Das Buch ist einem bekannten Vertreter der Entwicklungspsychologie gewidmet, mit dem ich über Jahrzehnte hinweg viele Gespräche in vermintem Gelände geführt habe, dem zwischen Theologie und Psychologie. Emil Schmalohr schulde ich viele bewegende Einsichten.

Klaus Berger

Ansätze zu einer Begründung der Ethik

Im folgenden sind Ansätze und Methoden zu kritisieren, die diskutabel, aber aus meiner Sicht doch zumindest teilweise fragwürdig sind. Allen hier diskutierten Standpunkten ist gemeinsam, daß es sich um Versuche der Begründung einer Ethik handelt.

Autonomie

Autonome Ethiken sind begründet auf der freien Selbstbestimmung des Menschen. Nach dem Selbstverständnis ihrer Vertreter wird als Gegenposition jede Ethik bekämpft, die sich an der Autorität (z. B. Moses, Bibel, Paulus) oder am Herkommen (Tradition) orientiert. Das einzige Kriterium ist der Konsens der Vernünftigen, eine »Kommunikationsgemeinschaft«. Schon Baruch Spinoza hatte seine »Ethica« so begründet. Das, was so zustande kommt, wird immer der kleinste Nenner sein, das also, was sich mit allen Interessen verträgt.

Problematisch ist aus meiner Sicht, daß das Ergebnis des vernünftigen Konsenses in keiner Hinsicht an inhaltlichen Maßstäben orientiert ist. Ein Beispiel: Der Grundsatz »Je schwächer, desto weniger Mensch«, ist nicht unvernünftig. Er spielt als unausgesprochener Grundsatz in der Diskussion um Embryonenschutz und Euthanasie eine große Rolle und wird in Zukunft bei der Frage, ob die Öffentlichkeit für Schwerstbehinderte aufkommen soll, eine große Rolle spielen. Wenn man vom Leitbild des Menschen ausgeht, so scheint es durchaus vernünftig, wenn man sagt: »Je schwächer, desto weniger Mensch«. Denn der autonome Mensch muß sich doch körperlich und geistig bewegen können. Er sollte doch eine gewisse körperliche oder spirituelle Energie aufbringen können. Was soll ein Mensch, der sich zeitlebens nicht selbständig wird ernähren können? Der nie den Löffel zum Munde, die Tasse an die Lippen führen kann, der nie einen Schritt zu Fuß wird gehen können? Wie gesagt, der Grundsatz scheint vernünftig und wird ja offenbar auch praktiziert. – Er ist jedoch grundsätzlich zu bestreiten vom Standpunkt einer anderen Ethik her, die vom Menschsein selbst ausgeht, die also die grundlegende Grenze zwischen Mensch und Tier zieht, nicht aber innerhalb der Menschen zwischen Starken und Schwachen. Beides wäre möglicherweise in gleichem Maße vernünftig, insbesondere wenn man den Aufwand bedenkt, der damit verbunden ist, daß man Schwerstbehinderte am Leben erhält.

Fazit: Vernünftigkeit kann eine inhaltliche Festlegung nicht ersetzen.

Ein zweites Problem liegt darin, daß die Entfaltung aller menschlichen Möglichkeiten, die in einem Menschen stecken, häufig an den nächstliegenden Ressourcen scheitert. Das sind finanzielle, biologische oder soziale. Warum gibt es so wenige Malerinnen und Komponistinnen? Offenbar scheitert die Entfaltung dieser Möglichkeiten nicht an den Begabungen, sondern an den Umständen. Wer kann dieses Defizit einer Weltordnung wieder aufholen?

Verwandt ist die Frage nach der Behebung und Vergebung von Schuld. Diese ist – selbst wenn der Delinquent Reue zeigt – leicht als vernunftwidrig erweisbar.[1]

Viel stärker, als bisher geschehen, ist es aus meiner Sicht nötig, die gesamte Menschenrechts-Ethik kritisch zu befragen. Das könnte anhand des Gegenmodells des biblischen Menschenbildes geschehen. Die Spannung, die zwischen dem biblischen Ansatz und den Menschenrechten der Neuzeit besteht, ist für eine interessante und fruchtbare Diskussion, die sich eben nicht auf gebetsmühlenartig wiederholte Bestandteile von Sonntagsreden beschränkt, sicher nützlich. Denn beispielsweise die berühmte Begründung der Menschenrechte aus Gen 1,27 (»nach Gottes Bild und Ähnlichkeit«) ist alles andere als eine Begründung von Rechten. Sie beschreibt den Menschen als das Lebewesen, das (vor allem aufgrund der Sprach- und Hörfähigkeit) Gott am nächsten steht und daher von ihm besonders beauftragt und zum »Gärtner« der Schöpfung bestellt ist. Menschenrechte ergeben sich daraus nicht – ganz abgesehen davon, daß sich nach dem Neuen Testament diese Stelle nur auf Jesus bezieht, sieht man von Jak 3,9 einmal ab. Nein, Gen 1,28 meint Partnerschaft, freilich nicht von Gleichberechtigten, sondern im Sinn von Gehorsam und Beauftragung.

---

1 Daß man in dieser ethischen Frage wohl letztlich nicht ohne Gott auskommt, habe ich für den Fall der Schuld am Holocaust in der FAZ vom 11. 12. 1998 zu zeigen versucht (»Dritter im Bunde«).

»Autonomie« wäre für die Bibel wie Abspaltung des Menschen aus dem Herrschaftsbereich Gottes.

Gewissen

KRITISCHE ANFRAGEN AN DAS GEWISSENSPRINZIP

Die individualistischen Ethiken, die hier kritisiert werden, haben auf besondere Weise den Gewissensbegriff für sich reklamiert. Kritik ist zu üben an dieser weitgehend individualistischen Ausprägung des Gewissenskonzeptes. Aus meiner Sicht bedarf die Größe »Gewissen« der Entmythologisierung. Denn viele »Gewissenstäter« nennen das Gewissen die göttliche Stimme in ihrem Inneren. Ich weiß, daß die Geschwister Scholl sich auf ihr Gewissen berufen haben. Aber mir ist wohler, wenn sie sich ausdrücklich auf Werte wie Freiheit, Nächstenliebe und Würde des Menschen berufen. Denn auch so fürchterliche Figuren wie Terroristen der RAF-Szene haben sich für ihr Tun auf ihr christliches Gewissen berufen. – Üblicherweise verweist man auf das Daimonion des Sokrates, der von dieser »göttlichen Stimme« seine Anweisungen erhielt. Auf den biblischen Gewissensbegriff kann man sich nicht in irgendwie vergleichbarer Weise berufen. Denn im Neuen Testament gibt es nur ein konsekutives, die Tat im nachhinein beurteilendes Gewissen, aber nicht eines, das zu einem bestimmten Handeln auffordert.

Der abendländische Gewissensbegriff entstand durch eine Gleichsetzung der biblischen »syneidesis« (conscientia, Gewissen) mit der »synteresis« des Aristoteles; letzteres meint die sittliche Urteilsbildung. Seit der Hochscholastik wurde der Gewissensbegriff im heute üblichen Sinn als »göttliche«, unanfechtbare Instanz bezeichnet.

Nach meinem Eindruck besteht demgegenüber häufig Ideologieverdacht, und zwar aus folgenden Gründen:

– Nicht erst seit dem 20. Jahrhundert weiß man, wie stark die eigene Urteilsfindung durch Milieu, Biographie und Erbanlagen geprägt ist. Diese je unterschiedlichen Voraussetzungen sind kein Mangel, aber große, kreatürliche Vielfalt.

– Die Urteilsfindung des einzelnen wird häufig durch Rückgriff auf internalisierte Normen begründet und legitimiert. Diese Normen entstammen dem Elternhaus, der religiösen und schulischen Prägung. Sie werden durch das jeweilige Nachdenken aufbereitet.

– Es besteht gewiß die Pflicht, sein Gewissen zu einem »wohlinformierten« werden zu lassen. Doch wo liegt der Maßstab? Es kann ja sein, daß jemand durch Indoktrination stark eingeschränkt ist. Und es besteht kein Zweifel daran, daß es dem einzelnen erlaubt sein muß, aufgrund besseren Informiertseins seine Entscheidungen zu ändern. Aber wo fängt die Pflicht der Mitmenschen an, Menschen vor den Konsequenzen ihrer Entscheidung zu schützen?

– Dennoch hat jeder einzelne ein Recht zum Irrtum. Seine Sicht mag unvollkommen oder blind sein. Doch darf die Freiheit zu irriger Entscheidung außer bei Wiederholungstätern von Gewaltverbrechen nicht von vornherein genommen werden.

– Nun berufen sich gerade Vertreter gewaltsamer Ideologien auf Toleranz und Meinungsfreiheit. Daraus ergibt sich nicht nur die pädagogische Verpflichtung zur Gewissensbildung (Kindergärtnerinnen und Grundschullehrer als wichtigster Berufszweig), sondern auch, daß man zumindest das Gewissen nicht als göttliche Stimme im einzelnen auch noch theologisch verklärt. Hier, wo Mißbrauch und Irrtum und selbstgerechte Verteidigung eindeutig überwiegen, sollte man nicht noch zusätzlich religiös unterfüttern. Die Freiheit des einzelnen ist wegen seiner Würde zu schützen, sie ist Gottes Gabe. Aber deswegen kann man nicht jede Entscheidung des Gewissens von vornherein als göttliche Stimme einstufen. Sie ist und bleibt menschliche Entscheidung und daher auch dem Richter unterworfen.

Statt das Gewissen zu vergöttlichen, sollte man einer Gesellschaft tragfähige Visionen vor Augen stellen.

Die Verabsolutierung des Gewissens dient letztlich nur dem neuzeitlichen Verständnis von Freiheit im Sinn von Autonomie. Gewissen wird daher als vernunftgeleitete individuelle Selbstfestsetzung von Normen verstanden. Das könnte nur im Idealfall glücken, wenn nämlich das als Konsens Erkannte wirklich mit der Weltvernunft übereinstimmte. Die Gewähr dafür hat niemand.

HISTORISCHE VORAUSSETZUNGEN FÜR DIE
VERABSOLUTIERUNG DES GEWISSENS

Die Diskussion zeigt, daß jede Infragestellung der Göttlichkeit des Gewissens als schlimmste Attacke auf die Freiheit des Individuums angesehen wird. Wie ist es zu dieser Einschätzung gekommen? Es gibt eine Reihe von »Helden des Gewissens«, auf die sich die unantastbare Subjektivität des einzelnen zu berufen pflegt:

– Antigone, die sich nach Sophokles gegen die staatlichen Gesetze des Königs auf heiliges »älteres« Recht beruft (die Toten zu begraben);

– Sokrates, der sich gegen den Staat der Athener auf eine göttliche Stimme beruft und sich dafür die Vorwürfe einhandelt, die Jugend zu verderben und neue Götter einzuführen;

– Martin Luther, der vor dem Kaiser auf dem Wormser Reichstag gesagt haben soll »Hier stehe ich, ich kann nicht anders, Gott helfe mir. Amen« (historisch nicht erwiesen);

– Girolamo Savonarola, der es wagt, die üppig reiche Florentiner Gesellschaft als prophetischer Bußprediger zu kritisieren, und dafür verbrannt wird;

– die Attentäter des 20. Juli, die Geschwister Scholl und andere Widerständler gegen neuzeitliche Diktaturen;

– christliche Märtyrer, die sich gegen staatliche Willkür auf Gottes Gebot berufen haben, insbesondere auf das erste Gebot.

In allen diesen Fällen liegt folgendes vor: Es geht jeweils um Normen-Kollisionen. Die Norm, auf die sich der »Gewissens«-Held beruft, ist jeweils die internalisierte Norm seines »Herzens«. Das »Gewissen« steht für eine andere oder ältere Wertordnung, die vom Helden als die verpflichtende angesehen wird. Hier, nicht im Verhältnis von Gott und Welt, liegt der genuine Kontrast. Gott wird nur regelmäßig in Anspruch genommen für die durch den Helden vertretene abweichende Ordnung.

Soziologisch gesehen spielt auch der Kontrast zwischen dem einzelnen und der anders urteilenden Mehrheit hinein. Die jeweilige Mehrheit hat sich den neuen Werten zugewandt, der Held steht für die alten Werte. Der Aufstand gegen die Mehrheit läßt den einzelnen in seinem Gewissen als besonders mutig und sympathisch erscheinen.

So ergibt sich die Rolle des Einzelgewissens aus dem Kontrast zwischen zwei Wertordnungen, deren Kollision sich biographisch zuspitzt. Diese Situation wird in besonderer Weise zur »Entdeckung des Individuums«. An der Figur des Gewissenshelden bewahrheitet sich das Mißtrauen gegen die Herde und die Ahnung von der Fehlbarkeit der Mehrheit, zugleich stets etwas vom Respekt gegenüber der legendären Geltung der »alten Ordnung«. Im Gottesbild kommt hinzu die Ahnung, daß Gott doch der Fremde sei, kritische Instanz gegen menschliche Normen. Auch spielt die Bedeutung von »großen« Individuen eine Rolle für das Gewissen.

Im Widerstreit der kulturellen Wertordnungen besteht daher für eine am Gewissen orientierte Ethik eine einzigartige Chance, das mutige Individuum gegen die verführbare Masse auszuspielen und gleichzeitig einen immensen Freiraum für jeden einzelnen »ordentlich« zu begründen.

DIE GEWISSENSENTSCHEIDUNG IN DER POSTMODERNEN GESELLSCHAFT

Die Vielfalt der internalisierten Normen ist in der postmodernen Gesellschaft so angewachsen, daß lauter Gewissensentscheidungen zu einem Chaos führen, in dem dann folgerichtig Toleranz das einzig Verbindliche ist. Entsprechend heftig wird die Unfehlbarkeit und Göttlichkeit des einzelnen Gewissens betont. Weil so praktisch jeder mit seinen Normen gegen jeden steht, ist der Zerfall der Gesellschaft(en) weit vorangeschritten. Unser Problem: Das »moralische Gesetz in mir« spricht nicht mit einer Stimme. Die hypertrophe Gewissensethik steht hinter einer zerfallenden Gesellschaft. Schon auf dem Gymnasium bekamen wir stets als den letzten Schluß der Weisheit zu hören: »Das muß dann eben jeder mit seinem Gewissen abmachen«. Da auch bereits in der Schule die Gewissenshelden systematisch gepflegt werden, ist absehbar, welches Dilemma entsteht, wenn keine gemeinschaftsfähige Ethik an die Stelle der alten, überlebten, gesetzt wird. Es käme darauf an zu zeigen, daß die Gewissenshelden nicht für sich allein, sondern für eine jeweils ältere Ordnung standen.

GEGEN DIE GÖTTLICHKEIT DES GEWISSENS

Der Mythos vom Gewissen als Gottes Stimme bedarf meines Erachtens der Korrektur: Aufgrund der Einsicht in die geschichtliche Bedingtheit aller einzelnen Entscheidungen kann Gott nicht für das einzelne Gewissen in Anspruch genommen werden. Wie wir zu zeigen versuchten, geht es bei der Kollision, an der das Gewissen beteiligt ist, jeweils um kulturelle Antagonismen und Normenverschiebungen. Es ist nicht möglich bestimmte Ordnungen mit Gott zu legitimieren. Im Unterschied zur Weltanschauung eines Sophokles oder Sokrates macht eine Offenbarungsreligion eigentlich tragische Konflikte überflüssig: Denn sie ist unverfügbarer Maßstab aller daraus abgeleiteten Normen, und im Neuen Testament wirkt sie nur negativ, kritisierend nach der Tat. Es ist wie ein von Gott eingepflanzter kritischer Kompaß, dessen Urteil vom Gericht bestätigt werden wird.

Die auf Offenbarung begründete Ethik hätte als eschatologische Ethik die Chance einer neuen gemeinsamen Vision.

Formalismus

Die hier vorgestellte Ethik steht ferner in Konkurrenz zu einer Reihe von »idealistischen« Entwürfen, die unterschiedliche Ansatzpunkte für die Begründung »guten« Handelns bieten. Diese Entwürfe sind unter anderen: Agathismus (Das Gute wird um seiner selbst willen getan), Altruismus (Der gute Mensch tut alles dem Nächsten zugute), das Pflichtprinzip (es kann auch nötig sein, gegen die eigenen Interessen vorzugehen) und die sogenannte »Goldene Regel« in positiver Fassung. Kein Zweifel – ich halte diese Ethik-Entwürfe für möglich, jedoch nicht für überzeugend.

Ich fasse die meisten der im folgenden genannten Entwürfe einer idealistischen Sollensethik zusammen:

In der Neuzeit überwiegt eine Ethik, die von den Faktoren »rationaler Wille«, »Vernunft« und »Verbindlichkeit des moralischen Gesetzes« bestimmt und geprägt ist. Der Mensch, der Vernunft und Willen hat, anerkennt die Verbindlichkeit des moralischen Gesetzes. Dieses

ist zugleich der Maßstab, an dem der Mensch sein Fehl- oder Wohl-
verhalten prüfen kann. Die Vernunft erkennt die Rechtmäßigkeit der
Forderung. Das, was als verbindlich zu gelten hat, ist in freiem kom-
munikativen Austausch zu finden. Am Ende ist das Selbst prinzipiell
bindungslos, und genauso ist es bei Licht besehen auch die Vernunft
selbst, außer daß sie sich selbst treu bleibt und nicht Vernunft durch
Gewalt ersetzt. Die Leistung der Vernunft ist es auch, den egoisti-
schen Mangel an Gerechtigkeit zu überwinden. Für jede Geltung ist
nur die Entstehung in freier Kommunikation erforderlich. Zu ver-
nünftiger Kommunikation aber kann man nur auffordern.

Die Vernunft ist daher wie eine Brücke zwischen der Freiheit des
einzelnen und der Verbindlichkeit des Gesetzes. Alle übrigen Themen
und Werte sind individuell und nur »privat« zu beantworten. Dazu
gehören auch die Sinnfragen.

Die skizzierte Überbetonung der Gewissensfreiheit hat den Bereich
des Privaten ständig erweitert – nach dem Motto »Das muß jeder einzelne mit seinem Gewissen abmachen«. Die Konsequenz: Alle Werte,
die nicht durch das BGB geregelt werden, sind vom einzelnen selbst zu
bestimmen.

Letzte Konsequenz: Daß man frei entscheiden kann, ist wichtiger
als der Inhalt, für den man sich entscheidet.

Unbeantwortet ist hier die Frage, wer mich überhaupt zu etwas
bringen kann, das gut ist. Unser Vertrauen in Vernunft und Gesetz-
mäßigkeit ist spätestens seit dem Ersten Weltkrieg gänzlich erschüt-
tert. Man hat gesagt, bei dem Ideal der herrschaftsfreien Kommunikation entscheide am Ende, wer die besseren Nerven (Sitzfleisch) habe.

Das bürgerliche Recht auf Selbstbestimmung hat durch seine Ver-
abschiedung jeglicher vorgegebenen Normen dazu geführt, daß ein
Volk sich in eine katastrophale Lage bringen kann (z. B. durch Nach-
wuchsmangel).

Agathismus

So nenne ich eine Position, nach der das Gute um seiner selbst willen
getan wird. Denn wenn das Gute das höchste Gut ist, dann wird dieses Gute um keines anderen, höheren Zweckes willen getan.

Den Namen erhält diese Position von dem griechischen Wort »agathon«, »das Gute«. Die Ethik der Verantwortlichkeit von Hans Jonas (»Das Prinzip Verantwortung«) steht dieser Position nahe. Auf dem humanistischen Gymnasium sind wir in dieser Richtung erzogen worden. Wer gut handelte, durfte dieses um keines anderen Gutes willen tun. Es galt schon als verdächtig, wenn man das Gute tat, um dabei zufrieden oder fröhlich zu sein.

Kritik: Wer sich von dieser Maxime leiten läßt, beugt sich einem Prinzip, welches lautet »das Gute ist das Höchste«. Ich habe nie verstanden, warum man sich diesem Prinzip beugen sollte. Denn auch wenn es »Humanität« heißt, dann beugt man sich nicht vor einem konkreten Menschen, sondern vor dem Prinzip Humanität.

Mir scheint es sich hier um eine dem Sozialismus verwandte Form von Prinzipienethik zu handeln, die wie dieser ebenso weltfremd wie menschenfeindlich ist. Denn genau die Impulse, die den einzelnen zum Handeln bewegen könnten, werden abgeschnitten oder als egoistisch bezeichnet: Hoffnung für das Ganze, Sehnsucht nach erfolgreichem Handeln oder Eingreifen, Anerkennung und Befriedigung angesichts der konkreten Tat.

Pflichtprinzip

Hier wird die abstrakte Forderung des Sollens gegen alle subjektiven oder vitalen Interessen des Menschen ausgespielt. Besonders für den Konfliktfall ist das Pflichtprinzip umstritten. Und es besteht die Gefahr, daß man sich »hinter« die Pflicht und ihre Forderung »zurückzieht«, um dem Leben, seinen Herausforderungen und Risiken und der Beweglichkeit, die das fordert, auszuweichen.

Im Agathismus und in der Pflichtethik soll eine Gleichbehandlung aller Menschen (inklusive Chancengleichheit) hergestellt werden. Dieses geschieht auf verschiedene Weise. Nach dem Agathismus stehen alle Menschen vor derselben einen Forderung und im Pflichtprinzip sind alle gleich angesichts der abstrakten Forderung, die für alle gilt. Insofern ist eine formale Ethik sehr wohl mit »sozialistischen« Prinzipien vereinbar.

Altruismus

Das Wort kommt von lateinisch »alter«, »der andere«, und bedeutet: nichts für sich selbst zu wollen, sondern alles um des anderen willen zu tun. Oft wird ein so verstandener Altruismus mit dem Christentum verwechselt. Denn man versteht darunter einen revolutionär umgekehrten Egoismus. Der Egoismus besteht aus Raffgier zugunsten des Ego, der Altruismus in purer, verschwenderischer Weggabe bis zur Hingabe seiner selbst.

Kennzeichnend ist: Die Dimension der Zeit entfällt. Es geht noch nicht einmal um eine Veränderung der Welt, und es gibt auch keine andere Hoffnung, die zum Handeln antreibt.

Kritik: Der Altruismus ist seiner gesamten Tendenz nach eine Ausbeutung des Täters. Für diesen bleibt nichts als ein fast buddhistisch zu nennendes Verlöschen. Es gibt keine Hoffnung auf Gemeinsames. Der Täter darf für sein eigenes Tun weder auf Anerkennung noch auf ausgleichende Gerechtigkeit hoffen. Deshalb muß ich Altruismus ungerecht nennen, denn ihm fehlt ein wichtiges Element sozialen Denkens, der Ausgleich für alle. Dieser müßte auch zugunsten des Täters den gerechten Ausgleich für seine Vorleistung vorsehen.

Wirklichkeitsfremd ist auch, daß nach niemandes Interessen gefragt wird, auch nicht nach denen des Empfängers der Wohltat. Altruismus geht daher auf Kosten jedes sozialen Netzwerkes.

Das Tun etwa der Diakonisse, die sich ein Leben lang um andere sorgt, sieht man im neuzeitlichen Protestantismus in der Regel als löblichen Inbegriff von Altruismus an. Nur leider will niemand mehr Diakonisse werden. Und im übrigen haben Diakonissen nicht einfach altruistisch gehandelt, sondern auch in der Hoffnung auf Auferstehung und das Himmelreich. Das war gewiß kein kalkulierendes, aufrechnendes Lohndenken, kein Handel, aber doch ein Handeln im Schema von Saat und Ernte.

Die gnadenlose Ausrottung des Egoismus bleibt daher eine Theorie. Sie scheitert nicht daran, daß der Mensch asozial, einfach böse oder sehr wirklich Sünder ist. Sie scheitert umgekehrt daran, daß der Mensch gerade ein soziales Wesen ist und positiv zu wertende soziale »Seiten« hat. Das »soziale« Gefühl für den notwendigen

Ausgleich sozialer Vorleistungen dient dem Miteinander und damit jedem.

Daher gilt die These: Die christliche Ethik der Barmherzigkeit und Nächstenliebe ist gerade dadurch diskreditiert worden, daß sie zu einer agathistischen oder altruistischen Prinzipienethik wurde. In der christlichen Ethik ist dagegen der moralische Rigorismus kein Selbstzweck, dem sich der Mensch konfrontiert sieht. Zentrum ist vielmehr das personale Gottesverständnis und das Konzept einer besonderen Gemeinschaft von Gott und Mensch. Dieses ist jedem rigoristischen Prinzip vorgeordnet.

Der Altruismus stellt den Egoismus auf den Kopf; die Frage ist, ob er allein schon deshalb eine geeignete Grundlage für eine Ethik ist.

Psychologie

Es ist aufgrund der Überstrapazierung der Gewissensethik und damit der Angewiesenheit jedes einzelnen auf sich selbst dazu gekommen, daß die Psychologie die Reparaturarbeiten unternehmen muß. Da es verbindliche allgemeine Normen nicht gibt, verbleibt dem einzelnen das einzige, was er hat: Erinnerungen an das eigene Leben, vor allem an dessen Verletzungen. Denn Verletzungen sind geeignet, Fehlentwicklungen und Fehler wenn nicht zu entschuldigen, so doch zu erklären. Die Seelentiefe des einzelnen wird so zur Tiefe seiner Biographie; dem Mittelalter etwa war eine ganz andere Deutung der Seelentiefe geläufig, denn in ihr stieß man auf den göttlichen Funken. Manch eine Psychologie findet statt des göttlichen Funkens frühkindliche anale, ödipale und andere Gegebenheiten. Auch die neuprotestantische Sündentheologie des 19. Jahrhunderts leistete im übrigen einen Beitrag zur Wertschätzung der psychologischen Rückerinnerung. Denn natürlich fand diese Lehre vor allem Beklagenswertes in der Seele.

Das Problem der Psychologie ist freilich nicht das der Ethik, denn es geht ihr nicht um die Unterscheidung von Gut und Böse, sondern um Identität und Integration der Persönlichkeit. Wenn alles daran liegt, mit sich ins reine zu kommen, wird es einen Ort von Gut und Böse darin gerade nicht geben.

Verantwortung

Die sogenannte Verantwortungsethik geht aus von der Verantwortung des einzelnen für die ganze Gruppe, für Menschheit und Schöpfung. Biblisch gesehen beruft man sich auf den Schöpfungsauftrag (»Macht euch die Erde untertan . . .«). Nach Hans Jonas macht der Schrei eines Säuglings, der Hunger hat, absolut deutlich, daß die Erhaltung der Menschheit ein unbefragtes höchstes Ziel ist. Ich tue dem Mitmenschen Gutes, weil es gut ist, daß es Menschen gibt und daß sie überleben. Wenn Menschsein ein Gut ist, und zwar das höchste, dann ist es notwendig, vor allem anderen die Humanität zu fördern.

Nach der Verantwortungsethik ist der Mensch der Gärtner im Garten des Lebens. Aus Immanuel Kants Schrift »Die Metaphysik der Sitten« (1797, Tugendlehre § 13, A 99-102) geht hervor, daß die moderne Verantwortungsethik eine säkularisierte Form der christlichen Vorstellung vom himmlischen Gericht ist. Denn Kant schreibt dazu: »Das Bewußtsein eines inneren Gerichtshofes im Menschen . . . ist das Gewissen. Jeder Mensch hat Gewissen und findet sich durch einen inneren Richter beobachtet, bedroht und überhaupt im Respekt (mit Furcht verbundener Achtung) gehalten . . . (im Gewissen geht es um Geheiß einer anderen Person): Daß aber der durch sein Gewissen Angeklagte mit dem Richter als eine und dieselbe Person vorgestellt werde, ist eine ungereimte Vorstellungsart von einem Gerichtshofe . . . Eine solche idealische Person . . . muß ein Herzenskundiger sein . . ., eine solche Person sein, . . . im Verhältnis auf welche alle Pflichten überhaupt auch als ihre Gebote anzusehen sind . . . so wird das Gewissen als subjektives Prinzip einer vor Gott seiner Taten wegen zu leistenden Verantwortung gedacht werden müssen . . . die Gewissenhaftigkeit . . . als Verantwortlichkeit vor einem von uns selbst unterschiedenen, aber doch uns innigst gegenwärtigen heiligen Wesen . . . sich vorzustellen und dessen Willen den Regeln der Gerechtigkeit zu unterwerfen. Der Begriff von der Religion überhaupt ist hier dem Menschen bloß ein Prinzip der Beurteilung aller seiner Pflichten als göttlicher Gebote.«

Die Herkunft der Verantwortungsethik aus der Pflichtethik Immanuel Kants ist kaum zu bestreiten. Freilich ist in ihrer gewöhnlichen

Ausführung von Freude oder Leidenschaft zum Gerechten nichts zu spüren. Das Prinzip lautet vielmehr:»Handle vernünftig, damit es uns allen hier besser geht!« So ist die Bergpredigt radikal danach ausgerichtet, Gewalt zu stoppen. Das vernünftige Handeln aber trägt sich selbst. Das Neue herbeizuführen, ist Gnade Gottes. Doch man darf fragen: Was soll dann werden, wenn es nicht absehbar besser wird?

Weltethos

Das Projekt»Weltethos« des Schweizers Hans Küng besteht darin, inhaltliche Gemeinsamkeiten in der Ethik verschiedenster Religionen zu ermitteln. Zum Beispiel gehört zu den Gemeinsamkeiten das Verbot zu stehlen. Allerdings erscheint mir das Unternehmen trivial. Schon vor 550 Jahren ist der deutsche Kardinal Nicolaus Cusanus mit seiner Schrift »Über den Frieden zwischen Religionen«[1] erheblich mutiger gewesen, indem er nicht ethisch-weisheitliche Vorschriften, von denen sich jederzeit viele gemeinsame ergeben, sondern die Religionen selbst verglichen hat und nach platonischem Muster das Gemeinsame erstellt hat. Abgesehen von dieser grundsätzlichen Einschränkung krankt der Versuch Hans Küngs an folgendem:

– Der Stellenwert der einzelnen Moralregeln innerhalb des sie umgebenden religiösen Systems bleibt zu sehr außer acht, d.h., die Regeln sind zu stark jeweils aus dem Zusammenhang gerissen.

– Überdeutlich sind die Probleme schon auf philologischer Ebene: »Du sollst nicht töten« im Dekalog bedeutet eben nicht »Hab Ehrfurcht vor dem Leben!« Vielmehr bedeutet das 5. Gebot im hebräischen Text: Bring den anderen freien männlichen Israeliten nicht heimlich um, so daß niemand etwas merkt.

– Küng bleibt verborgen, daß gerade die jüdisch-biblische Tradition zur Frage der Menschenrechte nichts hergibt. So ist der Satz »Jeder Mensch hat das Recht auf Leben« biblisch nicht belegt. Das Leben gehört Gott, er allein hat daher Anrecht auf das Blut von Tier und Mensch, und nur deshalb darf es nicht willkürlich vergossen werden.

1 De pace fidei; dt. von K. Berger, C. Nord, Vom Frieden zwischen den Religionen, Frankfurt 2002.

Für Küng wäre das vielleicht eine finstere, sakralrechtliche Auskunft.
Doch nur wenige apologetische Texte des hellenistischen Judentums
(z. B. zu Philanthropia) wären für Küng verwertbar.

– Die Auswahl der gemeinsamen Elemente ist eurozentrisch und
läßt bestimmte Anliegen der westlichen Emanzipations-Gesellschaf-
ten erkennen.

– Es wird übersehen, daß die Religionen gar nicht an bloßer Ethik
interessiert sind. Vielmehr zeigen die Religionen, wie und in welchem
Rahmen es überhaupt möglich ist, ethisch zu handeln, und das ist für
sie das Wichtigere. Für den Buddhismus steht der Gewaltverzicht im
Rahmen der Abtötung allen Hungers und Durstes nach Leben (!), im
Christentum im Rahmen der Verwirklichung von Gottes Willen in einer friedlichen menschlichen Gesellschaft. Erst die Religionen reden
über die Kraft und die Motivation zu einem Handeln. Die Spielräume
dieses Handelns sind von Natur aus begrenzt.

– Allgemeine Forderungen nützen nichts ohne Kasuistik. Wenn
Küng ein allgemeines Gebot wiedergibt »Niemals sollten wir rück-
sichtslos und brutal sein«, darf man doch wenigstens fragen: Wie war
das bei Jesus und den Händlern am Tempel.[1] Oder wenn Hans Küng
formuliert: »Kein Mensch hat das Recht, einen anderen psychisch
zu quälen«, mache ich geltend, daß das Auswendig-lernen-Müssen
von grammatischen Stammformen nichts anderes als psychische
Quälerei war. Kurzum – es geht bei Küng immer wieder um eine typisch westliche Art der Allgemeinheit, um das, was wir »die Sache«
nennen. Ist diese abstraktive Weise zu ermitteln überhaupt möglich?
Oder ist ein Sich-verständlich-Machen der anderen Ethik jeweils
nur möglich im Sinn bilateraler Klärungen im Sinne moralisch-juri-
stischer Kasuistik?

Betroffenheit

Betroffenheit ist eine geläufige Form ethischen Erlebens; sie ist besonders im kirchlichen Bereich verbreitet. In ihr spiegeln sich auch we-
sentliche Elemente der Seelsorge. Unter Betroffenheit verstehe ich ein
moralisches Angesprochensein, bei dem vor allem Hilflosigkeit,

---

1 Vgl. K. Berger, Der »brutale« Jesus, in: Bibel und Kirche 51 (1996) 119-127.

Ohnmacht, das Gefühl irgendeiner Mitschuld und die Blickrichtung auf sich selbst kennzeichnend sind. Daher rührt die Verwandtschaft der Betroffenheit zu psychologischer Seelsorge. Während die Hauptschuld zumeist zu Recht bei anderen oder bei der Kirche gesucht wird, liegt die »Anwendung« oft im Bereich von »kleinen Schritten« oder »Toleranz«. Im Zentrum dieser Ethik steht die Ratlosigkeit. Sie äußert sich auch in der oft im Anschluß gestellten Frage: Was sollen wir denn tun? – Zwischen der Betroffenheit und dem Handeln sollte aus meiner Sicht der Blick auf etwas ganz anderes gerichtet werden, auf Gottes Wunder, Herrlichkeit und Verheißung. An dieser Stelle tritt bei unseren Vorüberlegungen ein Stück kirchennaher Szene in den Blick. Und im Sinn der Zielsetzung dieses Buches möchte ich neben die Logik der Betroffenheit die Logik der Herrlichkeit stellen. Denn die Logik der Betroffenheit stellt immer nur wieder den Abstand fest zwischen dem, was in der Welt und in mir sein sollte, zum Soll überhaupt. Hier besteht auch in der katholischen Form der Betroffenheit eine Beziehung zur neuprotestantischen Sündentheologie. Logik der Herrlichkeit richtet den Blick dagegen auf das, was Ziel und Verheißung ist, auf Gottes große und kleine Wundertaten und auf die weltweiten Erfreulichkeiten.

Ethik-Komitees

Besonders in Deutschend werden seit geraumer Zeit sogenannte Ethik-Komitees eingesetzt, die durch Kommunikation, Diskussion und Abstimmung die argumentative Wertebegründung ersetzen sollen. Angeblich soll dabei »unser aller Wollen« herauskommen. Jeder Bezug auf vorgegebene Werte soll durch das Konsensmodell ersetzt werden. Moralisch ist dasjenige, dem alle zustimmen können.

In der Ideologie der Ethik-Komitees aber liegt das Gegenteil dessen vor, was in diesem Buch vertreten wird. Denn zunächst gilt der Sitzfleisch-Verdacht: Wie leicht ist es in Komitees möglich, daß sich derjenige durchsetzt, der das ausdauerndste Sitzfleisch besitzt. Wenn es außer dem Konsens kein weiteres Argument gibt, wird mit einem Federstrich genau jenes Element des Un-Bedingten beseitigt, das zu jeder Ethik gehört, an die man sich halten kann. Denn wenn das Nicht-Bedingte fehlt, werden immer die jeweiligen Bedingungen der potentiellen Täter und Handelnden ausgespielt werden gegen die Standpunkte unterschiedlichster Konsensmodelle.

Die Goldene Regel

Die sogenannte Goldene Regel wird in der positiven Fassung auch von Jesus zitiert: »Geht so mit den Menschen um, wie ihr selbst behandelt werden möchtet. Denn darin besteht das ganze Gesetz und die Propheten« (Mt 7,12). Gemeinsam mit den besprochenen Modellen verfährt die Goldene Regel nach einem formalen Prinzip. Freilich unterscheidet sie sich von den anderen Modellen auch, indem sie nicht von einem puren Sollen ausgeht, sondern von den Wünschen und Bedürfnissen des einzelnen. Diese werden nicht für sündig erklärt und abgewertet, sondern grundsätzlich bejaht.

Eine solche Bejahung der Interessen des einzelnen finden wir auch in Jesu Gleichnissen, etwa wenn Jesus den Bewährungsaufstieg positiv veranschlagt, wie es in Lk 19 und Mt 25 geschieht »Du hast mit dem Wenigen zuverlässig gewirtschaftet. So will ich dir die Herrschaft über viele Güter geben« Mt 25,21.23. Bei Lukas: »Du sollst über fünf Städte regieren« (19,19). Ähnlich ist es überall, wo Jesus vom Lohn spricht. Für Jesus ist daher der Mensch in seinem natürlichen Glücksstreben nicht verwerflich. Das, was Jesus korrigiert, ist freilich dessen individualistische und egoistische Indienstnahme und Okkupation. Denn der Täter soll das Glücksstreben des anderen zum Ausgangspunkt des eigenen Handelns machen.

Im Prinzip Ähnliches geschieht bei den Gerichtsaussagen: Die Talio, also die Vergeltung von Gleichem mit Gleichem ist hier der Maßstab der Gerechtigkeit, zum Beispiel Mt 7,1: »Verurteilt nicht andere, dann wird Gott auch euch nicht verurteilen«. Das bedeutet: Der potentielle Täter wird vor der Tat aufgefordert, sich nicht als Täter zu denken, sondern sich vorzustellen, er sei das Opfer seiner Tat. Er wird aufgefordert, sich in die Rolle des Opfers und Empfängers seines Handelns hineinzuversetzen. Jesus vertraut darauf: Wenn er genügend Phantasie aufbringt, sich als Opfer seines Handelns vorzustellen, wird er die böse Tat nicht vollbringen.

Doch kehren wir zurück zur positiven Bewertung des Glücksstrebens bei Jesus. Es scheint mir nicht gut möglich, die Goldene Regel aus der Bergpredigt herauszulösen und sie rein formal zu verstehen, also unter Absehen von der Ankündigung der Herrschaft Gottes durch Jesus. Denn nur wenn Gott alles in Ordnung bringen wird, kann man die Goldene Regel praktizieren. Denn dann wird er auch das Glücksstreben des Täters nicht vergeblich sein lassen. Gott in seiner Gerechtigkeit ist der Garant dafür, daß der Täter nicht zum eigentlichen Opfer wird, zum Betrogenen. Daß Gott kommen und recht behalten wird, ist geradezu ein Postulat dieser Art von Ethik.

Im Unterschied zu den zuerst diskutierten abstrakten Regeln ist die Goldene Regel an den Sehnsüchten und Lebenswünschen des einzelnen orientiert. Bereits die Diskussion der Goldenen Regel bringt uns zu der Annahme, daß das Christentum eine eudämonistische Ethik eschatologischen Charakters lehrt.

Neuanfang

Wir begründen den Neuanfang zu einer »Ethik als Ästhetik« mit Überlegungen zur Methode und fragen dann, was Ästhetik sein soll. Es folgt ein zweifacher Ansatz, der vom Sein einerseits und vom Ziel andererseits ausgeht. Beides hängt schon bei Aristoteles eng zusammen, wird aber durch die christliche Eschatologie wesentlich auf das Ende bezogen.

Sodann geht es mir um die These, daß man heute noch eine eudämonistische, also auf Glückseligkeit ausgerichtete Ethik vertreten kann. Den Abschluß dieses Kapitels bilden Erwägungen über den Stand der Diskussion zwischen kantianischer Ethik und der bei Hans Urs von Balthasar.

Methode

UNTERBAU FÜR EINE MÖGLICHE ETHIK

In der Methode ist dieses Buch phänomenologisch angelegt. Das heißt: Obschon ich Theologe bin, geht das Buch nicht deduktiv von Bibelstellen oder von einer Dogmatik aus. Alles das liegt hier fern. Vielmehr möchte ich zeigen, wie ich eine mögliche Ethik anthropologisch plazieren würde. Daher ist dieses Buch auch alles andere als eine komplette Ethik oder systematische Moral. Es liefert nur den Unterbau für eine mögliche Ethik, die man dann inhaltlich z. B. von der biblischen Offenbarung oder der kirchlichen Moraltheologie her füllen könnte oder auch nicht. So geht es hier nicht um Themen wie Anbau von genverändertem Mais oder Friedensethik, sondern um die viel grundsätzlichere Frage: Wie kann man Normen, Gebote, Pflichten, Tugenden oder anderes, was der Mensch tun und lassen soll, verankern in dem, was ein Mensch erlebt, denkt und treibt? Wie kann man den Bereich der Normativität von der drohenden Isolation befreien? Treffen den Menschen die Normen und Regeln nur an einem Punkt, mehr oder weniger zufällig und willkürlich – oder sind sie notwendig mit dem verbunden, was er ist?

Phänomenologisch ist die Methode, indem ich versuche, möglichst
konsensfähige Beobachtungen über Menschen unseres Kulturkreises
zur Grundlage zu machen. Da ich »Menschheit allgemein« nicht
kenne, ist die Eingrenzung auf Menschen unseres Kulturkreises nicht
ausgrenzend zu verstehen, sondern als notgedrungenes Eingeständnis
eigener Begrenztheit.

Eine christliche Ethik enthält dieses Buch nicht, sie wird allenfalls
vorbereitet. Und vorbereitet werden soll auch das Gespräch mit Menschen, die andere Konsequenzen aus diesen Voraussetzungen ziehen
möchten. Es geht daher um die Bedingungen einer möglichen Ethik
oder um eine »Fundamentalethik«.

Das Verfahren ist damit abzugrenzen vom Unternehmen »Weltethos«. Bei letzterem werden positive, inhaltlich gefüllte Normen aus
allen Religionen herausgezogen und auf inhaltliche Übereinstimmungen geprüft. Hier dagegen geht es gerade um das Gegenteil: Nicht um
inhaltliche ethische Übereinstimmungen aus verschiedenen Syste-
men, sondern um vor-ethische Grundlagen zum Beispiel innerhalb eines Kulturkreises.

OFFENBARUNG, THEOLOGIE UND PHILOSOPHIE

Theologie funktioniert hier nicht als Normengeberin, sondern sie liefert die Beispiele. Es werden nicht die Zehn Gebote oder andere biblischen Gebote ausgelegt. Vielmehr wird von einem Menschenbild aus,
das zweifellos auch im Wirkungsfeld des Christentums steht, argumentiert. Insofern wird die nötige Evidenz nicht deduktiv und offen-
barungspositivistisch, sondern induktiv gewonnen. Daß dabei nicht
Menschen »im Naturzustand«, sondern in kultureller Geprägtheit
»beobachtet« werden, dürfte konsensfähig sein. Im Rahmen dieser
Geprägtheit sollen die theologischen Passagen illustrativ, nicht aber
normativ verstanden werden. Sie sollen nicht an den Gehorsam ap-
pellieren, sondern an Vernunft und Weltwissen. Dabei ist der Standpunkt des Verfassers nicht neutral, »tolerant« im Sinn des »alles egal«
oder gleichgültig, was die Konsequenzen betrifft. – Das Anliegen des
Buches ist vielmehr:
 – eine Begründung zu finden, aufgrund deren das, was zu tun ist,
leichter getan werden kann;

– Maßstäbe zu nennen für das, was zu tun ist, die nicht bloß lauten
»weil es geboten ist« oder »weil Jesus das sagt«.

– im Rahmen einer eingebürgerten (zugegeben: westlichen) Kultur
des Handelns das Tragfähige zu stärken, das Fragwürdige zu kritisieren, kaum wirklich begründbare Gewohnheiten in Frage zu stellen.

GIBT ES SPEZIFISCH CHRISTLICHE NORMEN?

Ich mache als Religionsgeschichtler die Beobachtung, daß viele
christliche Normen aus dem Alten Testament stammen, viele alttestamentliche Normen aus Ägypten oder aus dem Zweistromland. Überdies ist die frühchristliche Ethik auch mit der hellenistischen Ethik
nicht zuletzt in formaler Hinsicht eng verwandt. Daher kann man bei
starker Betonung der Übereinstimmungen die These vertreten, eine
spezifisch christliche Ethik gebe es nicht. Daran ist sicher wahr, daß
es keine isolierte christliche Ethik gibt. Und wenn das zutrifft, dann
gilt es auch für deren Grundlegung in dem, was dieses Buch beabsich-
tigt. So wie es keine isolierte Ethik gibt, so auch keine Grundlagen,
die nicht zumindest theoretisch allgemein verständlich zu machen
wären.

Genau diese Allgemeinverständlichkeit ist das Feld dessen, was wir
Phänomenologie nennen. Und im übrigen: Wer die Ethik-Fähigkeit
des Menschen zeigt, erklärt ihn nicht für moralisch gut, sondern erläutert ein »weites Feld«. Wir werden uns daher mit folgenden Fragen
beschäftigen: Kann es eine Ethik für den Menschen überhaupt geben? Ist Ethik für den Menschen typisch? Wie verhält sich diese Dimension zu dem, was er erhofft? Das heißt: Wie paßt sie in die Struktur seines »inneren Zeitbewußtseins«?[1]

BIBLISCHE ANREGUNGEN

Einige Züge biblischer Auffassungen vom Menschen werden verwendet als typische und für uns möglicherweise – wenn auch im Rahmen
von Fremdheit – verständliche Hinweise darauf, wie man den Weg
des Menschen auffassen konnte. Dabei geht es nicht darum, daß man

---

[1] Edmund Husserl, Zur Phänomenologie des inneren Zeitbewußtseins, hg. v. R. Boehm,
1966.

hier Dinge »glaubt«, sondern darum, daß man im Zusammenhang biblischer Religion formulierte Einsichten allgemeinverständlich macht.

Die biblischen Vorgaben gelten dann als besonders zugkräftige Beispiele für vielleicht weitgehend allgemein mögliche Einsichten. Daher ist dieses Buch keine Auslegung des Evangeliums, sondern bestenfalls eine nach dem Hören oder Lesen des Evangeliums nachgelieferte »praeparatio evangelica«.

Und auch dieses praktizieren wir öfter: Wir nehmen Gedankengänge, wie sie aus der Theologie geläufig sind, und verwenden sie wieder in ihrer allgemeinen und sozusagen weisheitlichen Struktur. Denn die Form theologischer Schlußverfahren könnte so die philosophische Erwägung bereichern. Öfter wird sich daher dieser Satz finden: »Für unsere Frage nach Ethik und Ästhetik übernehmen wir folgendes aus diesen theologischen Gedankengängen: . . .«.

Ästhetik

In der ästhetischen Erfahrung finden wir nicht abbildende Wiederholung, sondern »Wahrheit«, in der sich Sein konstituiert. Das bedeutet im Klartext: »Das Kunstwerk eröffnet eine Welt sinnhafter Bezüge, die auf keinem anderen Weg erreichbar ist, an der der Erfahrende teilhat und die ihn verwandelt«.[1] Dann aber werden die durch die Kunst gewährten Erfahrungen in das Selbstverständnis des Erfahrenden integriert.

Übersetzt heißt das: In der Gegenwart des Kunstwerks kann es eine besondere Art von Enthüllung (Epiphanie) der Wahrheit geben, die einzigartig ist. Die Rolle des Erfahrenden ist unersetzlich: Sein Part sind Anteilhabe und Verwandlung. Diese Begriffe entstammen – unschwer erkennbar – aus dem platonischen bzw. mythischen Denken. Ich finde sie hilfreich. Denn die ästhetische Erfahrung bedeutet eine unvergleichliche Art der Teilhabe – eben nicht als Analyse in distanzierter Betrachtung, sondern als Nachvollzug der Bewegung zwischen Zentrum und Gestalt. Und Verwandlung bedeutet zunächst bei

---

1 Hier folgen wir einigen Gedankengängen von Hans Georg Gadamer.

Gadamer: Nach der Begegnung mit dem Kunstwerk ist der Betrachter nicht mehr derselbe. In beidem, in der Nachvollziehbarkeit wie in der Verwandlung, geschieht, wenn sie denn möglich sind, etwas, das mit dem Erschlossenwerden von Wahrheit zu tun hat. Denn hier stößt der Betrachter auf etwas, das unbedingt beachtet werden muß, andernfalls treten Versäumnis und Schaden ein.

Ausgang beim Sein

AM NATÜRLICHEN GLÜCKSSTREBEN DES MENSCHEN ORIENTIERTE ETHIK

In diesem Gegenentwurf zur idealistischen Sollensethik interessiert nicht der Appell, sondern ein bestimmtes Menschenbild und damit die Frage, ob etwas zum Menschen paßt, ob es ihm gemäß, angemessen ist und ob er mit seinem Handeln glücklich werden kann. Dazu gehört auch, ob er Freude haben kann an seinem Tun. Damit ist sittliches Tun der Wirklichkeit gemäß und die sittliche Haltung Hingabe an die Sache.

Die Frage ist also in diesem Rahmen, ob wir überhaupt fähig und in der Lage sind, bestimmte Inhalte zu wählen. Das Sollen beruht hier auf den noch nicht realisierten Möglichkeiten des Menschen, zu denen er unterwegs war. Es geht um Entwicklung, nicht um Unterdrükkung von Möglichkeiten und Anlagen, nicht um ihre Bekämpfung, sondern um ihre gerechte Entfaltung. Eben nicht das Gewissen setzt die Inhalte fest und wählt sie aus, sondern es ist darauf beschränkt, zuzustimmen oder nicht. Es ist für die Exekutive zuständig, nicht aber für die Legislative.

Freilich hat sich in der Gegenposition die reformatorische Einschätzung der Verderbtheit der menschlichen Natur verbunden mit dem neuzeitlichen Individualismus. Verderbtheit der Natur bedeutet: Die eigenen Möglichkeiten des Menschen findet jeder einzelne grundsätzlich schon pervertiert vor. Weder hat er Einsicht noch hat er die Freiheit der Wahl. Es fehlt die verbindende natürliche Grundlage! Jeder einzelne ist ein Tyrann. Es kann nur noch der Egoismus bekämpft werden. An die Stelle der Gnade (bei den Reformatoren) treten im

Idealismus des 19. Jahrhunderts die Vernunft und das Gesetz. Aber der Mangel bleibt erhalten: Der Mensch wird in heilloser Lage vorgefunden und weiß nicht von sich aus, wohin. Der Mangel steht im Vordergrund und nicht die Frage, ob etwas zum Menschen paßt. Nun besteht – insbesondere nach den Erfahrungen des 20. Jahrhunderts – kein Anlaß, den Menschen zu glorifizieren. Doch ist in der Tat zwischen den Konfessionen noch strittig, ob das Glücksstreben des Menschen grundsätzlich Sünde ist oder zunächst neutral. Für Luther ist jedes Begehren und Wollen Sünde, für den katholischen Standpunkt erst die böse Begierlichkeit, die die pervertierte Form des Strebens nach Leben ist. Thomas Söding hat (2 ThK 97, 2000, 429) darauf hingewiesen, daß dieses auch eine Frage der Terminologie ist; eine nüchterne Rückbesinnung auf die Formulierung sollte hier vor konfessionellen Aggressionen stehen.

ÜBER DIE GEFAHR DES MORALISMUS

»Denken wir an das Jahr 1968, als eine erste Gruppe . . . nach Brasilien gegangen war und sich dort mit dieser extremen Armut, mit diesem Elend konfrontiert sah. Was tun? Wie antworten? Und die Versuchung war groß zu sagen: Jetzt müssen wir für einen Augenblick von Christus absehen, von Gott absehen, weil es noch größere Dringlichkeiten gibt. Wir müssen zunächst anfangen, die Strukturen zu verändern, die äußeren Umstände, wir müssen zuerst die Welt verbessern, dann können wir auch den Himmel wiederfinden. Es war die große Versuchung dieses Augenblicks, das Christentum in einen Moralismus zu verwandeln, den Moralismus in eine Politik, das ›Glauben‹ durch das ›Tun‹ zu ersetzen. Denn was bewirkt das Glauben? Man kann sagen: In diesem Moment müssen wir etwas tun. Und doch verliert man sich auf diesem Weg in Einzelheiten, wenn man den Glauben durch den Moralismus, das Glauben durch das Tun ersetzt. Man verliert vor allem die Kriterien und die Orientierungspunkte, und am Ende baut man nicht auf, sondern man spaltet . . . Wer den Glauben auf die Theorie vom richtigen Leben oder eine Moral verkürzt, schafft letztlich eine Frustration, ein Gefühl des zwar gottgefälligen, aber nicht ausgelebten Lebens. Denn selbst die stimmigste Formulierung der Lehre oder die Befolgung sämtlicher moralischer

Normen vermag keine vollständige und endgültige Antwort auf die tiefsten Sehnsüchte des menschlichen Herzens zu geben.«[1] Wir halten fest: Eine Ethik des Sollens, der bloß moralischen Normen könnte auf einem pessimistischen Menschenbild beruhen. Dann wäre der Mensch immer nur weit entfernt von dem, wozu er eigentlich gedacht ist. Alles und jedes müßte ihm erst gesagt werden. Eine im Sinne des hl. Augustinus ganz und gar korrupte menschliche Natur kann oft nur im Zusammenhang mit einer weltfernen idealen Ethik gedacht werden. Unsere Alternative: Die Wünsche des Menschen nicht schon per se für schlecht zu halten.

Ziel in der Eschatologie

Neben der Ethik, die vom Sein her denkt, steht als Ergänzung die Ethik, die vom Ziel her Orientierung gibt. Während das Sein von der Entfaltung der Möglichkeiten ausgeht, von dem, was zum Menschen paßt und was ihm angemessen ist, betrifft das Ziel die ganze Menschheit und die positive Utopie des kommenden Friedensreiches.

Wir verwechseln nicht die idealistische Sollensethik mit der apokalyptischen Vision des Neuen Jerusalem. Denn das Sollen wäre nicht eschatologisch, sondern an Vernunft und Moral zu messen. Die apokalyptische Vision bezieht sich vielmehr auf beides, auf Gottes und menschliches Handeln als Ziel der Geschichte. Apokalyptische Ethik ist keine weltferne Sollensethik und keine menschenverachtende idealistische Ethik. Alle apokalyptischen Aussagen haben »zwei Beine«, das heißt: Sie beziehen sich ebenso sehr auf die Gegenwart wie auf die Zukunft. Sie nennen Bedingungen der Zugehörigkeit zu einer Verheißung. Das ist in erster Linie tröstend und ermunternd, denn dazugehören ist hier alles.

Wir beginnen mit dem frühchristlichen Bild vom Hochzeitsmahl. Dieses Bild weckt vielfältige ästhetische Assoziationen und ist auch in den Gleichnissen eine eindrückliche Vision vom Ziel und Ende der Heilsgeschichte.

---

1 Joseph Card. Ratzinger, TP 5.5.02, S. 5.

DAS BILD DES MAHLS UND DER RANGSTUFE
BEIM MAHL

Die Gleichnisse vom Hochzeitsmahl entfalten vor allem die Einzel-
züge, in denen Jesus das gegenwärtige Handeln vom Bild der Zukunft
her bestimmt sieht:
– Das Wichtigste ist, überhaupt beim Mahl dabeizusein (»Dabeisein ist alles«). In dieser Hinsicht gibt es denn auch Überraschungen,
daß die dabeisein werden, die es nicht erwartet hätten (und umgekehrt).
– Das »hochzeitliche Gewand« hat eine große Bedeutung. Es steht
für die »Würdigkeit« aller, die dabei sind. Das Gewand steht daher
entweder für die Werke, oder das Anziehen des Gewandes bedeutet
das Ergreifen der Möglichkeiten, die Würdigkeit zu erlangen, die
Gott bietet und verlangt.
– Die Zeit von jetzt bis zum Beginn der Hochzeit ist die entscheidende. Damit gehören die Hochzeitsgleichnisse in die Gruppe der Pa-
rabeln, die die Zwischenzeit zum Thema machen, ähnlich den Skla-
vengleichnissen (vgl. die Überschneidung in Lk 12,36).
– Bis zum Hochzeitsfest ist die Zeit, in der man wachen soll oder
sich bereit machen muß.
– Im Vordergrund der Gleichnisse stehen die potentiellen Hoch-
zeitsgäste und ihr Verhalten jetzt (auch die jungen Frauen nach Mt
25,1-12 sind potentielle Gäste). Ihr Kontrahent ist der Bräutigam. Die
Braut fehlt, sofern die Jüngergemeinde nicht selbst die Braut darstellt.
– Worin die Werke der Zwischenzeit bestehen, das wird außer der
Forderung zum Wachen und Bereitsein nicht deutlich. Das Auffüllen
dieser Leerstelle überläßt Jesus wohl seinen Hörern.
– In der Gegenwart feiert Jesus schon mal »Vorhochzeit«.
– Bei der Hochzeit ist die Verteilung der Plätze an der Tafel nicht
unwichtig. Kein Thema wird aus dem Arsenal der Bilder des Mahles
so häufig genannt wie die Frage des Ehrenplatzes beim Mahl. Wer
wird der erste sein? Nach Lk 14,11 gilt: Wer sich hoch einstuft, wird
genau unten landen, nach Lk 22,24 ff gilt: Der Größte ist, wer dient,
ebenso ist nach Lk 22,26-28 der Leiter zugleich der Diener. Und nach
Joh 13 gilt: Was ich euch getan habe, sollt ihr einander tun. Die Grund-

ordnung des Mahles ist die Grundordnung der Gemeinde. Alles, was über Herrlichkeit und Ehre zu sagen sein wird, gilt schon hier:
– Die Identität der Jünger als Bundesgemeinde bzw. als Träger des neuen Bundes ist von Jesu letztem Mahl her entworfen. Ebenso setzt sich im letzten Mahl die Mahlpraxis des Gottessohnes fort, die Jünger als seine Gäste einzuladen.
– In den neutestamentlichen Apokryphen schreiben die Hochzeits- und Brautlieder die hochzeitlichen Bilder aus der Verkündigung Jesu fort.

Alles das bedeutet: Vor den Jüngern entfaltet Jesus immer wieder das Bild des Hochzeitsmahles, zu dem sie eingeladen sind. Das Leben auf Erden wird daher zu einem Leben aus Vorfreude. Im Hinblick auf die entscheidenden Dinge jetzt, nämlich das Dienen und die (irrige) Meinung, schon die Eintrittskarte sicher zu besitzen, bedeutet die Situation des Mahles freilich dann eine schmerzliche Umkehrung der Erwartung.

VOM ZIEL HER DENKEN

Die formale Autorität des moralischen Gesetzgebers und die sich daraus ergebende rein formale Verpflichtung sind hier einer materialen Ethik gegenüberzustellen, wie sie zum Beispiel die christliche ist. Gehorsam und Pflicht bei Immanuel Kant stehen im Neuen Testament einer wesentlich anderen Perspektive des Handelns gegenüber.

Nach Kant gilt vom reinen Vernunftwillen, »daß er hier nicht wählt, sondern einem unnachlaßlichen Vernunftgebote gehorcht«,[1] und Religion ist für ihn »Erkenntnis aller Pflichten als göttlicher Gebote«.[2]

Für den eschatologischen Prozeß, in dem die Christen stehen, gelten demgegenüber Erwählung und Verwandlung. Durch die Erwählung sind die Christen hineingerufen in einen fast unaufhaltbaren Prozeß der Verwandlung (2 Kor 3,18), in dem täglich das Neue heranreift (2 Kor 4), in dem schließlich das jetzt Unsichtbare enthüllt wird (Röm 8,21). Und vor aller Pflicht steht das Erwähltsein, vor aller Ethik das Erfülltsein mit dem Leben des Auferstandenen in der Taufe.

1 I. Kant, Kritik der praktischen Vernunft (KPV) (Vorländer) A 258.
2 KPV A 233.

Die Christen stehen daher nicht unter Pflicht und Sollen, wie es die idealistische Sollensethik gedacht hat, sondern sie dürfen an etwas Werdendem teilnehmen, an der Entfaltung eines Grundgelegten, an der Erfüllung einer Verheißung. Ihre einzige Aufgabe ist es, der Selbstdurchsetzung des Reiches nicht im Wege zu stehen.

Da liegt also der Unterschied zu Aristoteles und zu seinem teleologischen Denkansatz. Nach Aristoteles geht es nur um eine Entfaltung der Natur, nach Paulus dagegen um eine Entfaltung des neuen Samens, der neuen Schöpfung nach dem Gesetz der Gnade und Herrlichkeit.

VOM ERHOFFTEN HER GEFORMT WERDEN

Immer wieder gibt es diesen Ansatz im frühen Christentum: Von den Erwartungen her bestimmt sich das Handeln, vom Erhofften her wird es geformt. Man ist geneigt, das Ganze von Philo von Alexandriens Hymnus über die Hoffnung her zu denken:[1]

Im frühen Christentum gilt das von der Kirche, die das Reich Gottes erwartet, vom Bräutigam, der sich auf die Hochzeit vorbereitet, vom Menschensohn, der auf sein Kommen in Herrlichkeit wartet, von den Heiligen, die der Anfang davon sind, daß Gott alles in allem sein wird. Nach der älteren philosophischen Auffassung vom Sehen wird der Mensch durch wiederholtes Anschauen oder Betrachten stetig geformt. Denn das Bild begründet Teilhabe durch Aneignung. Wer sich so nicht formen läßt, der hat trübe, in Wahrheit blinde Augen (des Geistes), die kein Licht in den Leib hereinlassen.

DIE HIMMLISCHE STADT

Das Bild der »hoch« angelegten oder gar von oben kommenden Stadt ist wichtig für die urchristliche Ethik aus Ästhetik. So sind die Jünger die Stadt auf dem Berg nach Mt 5,13-16, denn als Gemeinde werden sie gesehen, und so können sie missionarisch werben.

Nach Gal 4 ist das »himmlische Jerusalem« die Mutter der Christen, und nach Kol 1 ist ihr Bürgerrecht im Himmel. Und nach Apk

1 Philo v. Alexandrien, Über die Belohnungen und die Strafen (Praem Poen) 32.

21 f ist der künftige Ort Gottes und der Christen das herrliche Jerusalem, das vom Himmel herabkommt.

Überall hat der Kontext Elemente, die mit Mahnrede zusammenhängen. In Mt 5 mahnt Jesus die Jünger zu missionarischen guten Werken, in Gal 4 tröstet Paulus die galatischen Christen in ihrer Verfolgung, und das himmlische Jerusalem nach Apk 21 f ist durch besondere Einlaßbedingungen bewehrt. So ist die »hohe Stadt« zugleich Bild der Identität wie Bild der Verheißung und der gestärkten Identität. Philosophisch gesehen bedeutet das: Das Erhoffte prägt. Man kann nach dem Maßstab dafür fragen, ob das Erhoffte denn wahr sei. Der Maßstab ist hier nicht die bloße Vernünftigkeit. Der Maßstab ist vielmehr: Wahr ist, was den Menschen im ganzen und auf Dauer gesund macht. An die Stelle bloßer (apriorischer) Vernünftigkeit ist hier die Bewährung durch Erfahrung getreten.

Wir wenden uns jetzt der Frage nach der eudämonistischen Eigenart christlichen Handelns zu. Eudämonismus galt lange Zeit als verrufen und unedel.

Eudämonismus

DAS MENSCHLICHE TUN IN DER GESCHICHTE

Statt einer altruistischen Ethik und einer Agathon-Moral (Gutes um seiner selbst willen) wird im folgenden eine eudämonistische Ethik nach biblischem Vorbild vorgetragen. Das heißt: Die erwünschte, gelobte, angepriesene Tat wird nicht unabhängig von den Geschehnissen der Geschichte gesehen, sondern grundsätzlich im Horizont ihrer Folgen. Diese Folgen sind zumeist sowohl innerweltlich als auch – und das ist dann etwas ganz anderes – unsichtbar »transzendent«.

Die Folgen stehen hier überhaupt zur Debatte, weil sie als gravierend für die Bewertung einer Tat angesehen werden. Es gibt ethische Modelle, nach denen die Folgen für die Beurteilung einer Tat unwichtig sind: so kommt es nach der Gesinnungsethik allein darauf an, ob eine Tat gutgemeint war, nicht aber, ob ihre Ausführung gelungen ist und welche Folgen sie hatte.

Mit den Folgen wird auch das menschliche Tun als sichtbare Tat sehr ernstgenommen, und zwar innerhalb der Geschichte. Denn – so lautet die Theorie – von derartigen Taten hängen zwar nicht Heil oder Unheil ab, wohl aber entscheidend die jeweilige Qualität des Lebens. Eben weil es sich dabei um Geschichte handelt, betrifft es immer auch die Qualität des Lebens anderer, nicht nur des Täters. Die innerweltlichen Folgen können durchaus glücklich sein, für den Täter und für andere. Glücklich nennt man dabei eine günstige Qualität des Lebens.

DIE KRISE DER WEISHEIT

Wenn das aber nicht eintritt, wenn eine gute oder gutgemeinte Tat eine negative oder ungünstige Lebenskonsequenz hervorgerufen hat, dann geraten Tun und Ergehen in ein Mißverhältnis.

Im alten Israel wurde dies mit dem Glauben an einen (den) Gott beantwortet, der außerhalb des innerweltlichen Geschehens, also transzendent, für einen »gerechten« Ausgleich zwischen Tun und Ergehen sorge. Im einzelnen wurden dabei die Vorstellungen eines jenseitigen Ausgleichs und Glückszustandes (Paradies), des Gegenteils (Hölle), des Gerichts und einer Totenauferstehung entwickelt, teilweise in Kombination miteinander. Eine Alternative zum jenseitigen Gericht bildet die Vorstellung des Gerichts und einer Totenauferstehung am Ende der Zeiten.

Unabhängig von diesen dramatischen Geschehnissen (Gericht, Auferstehung, Eingehen in Himmel oder Hölle) gibt es die schlichte Vorstellung, der Mensch habe von Gott eine »Vergeltung« für das zu erwarten, das nun auf Erden gerade noch nicht entsprechend belohnt worden ist oder noch keine wie auch immer geartete Vergeltung empfangen hat. In den Evangelien heißt diese Vergeltung des Unabgegoltenen »(himmlischer) Lohn«. Hier liegt dann das Schema des überschießenden Lohnes zugrunde, wonach es nur dann und nur für das einen Lohn gibt, der nicht im diesseitigen Leben gezahlt wurde.

GEDANKLICHE PROBLEME

Man kann fragen: Wie kann der Mensch überhaupt Ausgleich oder Lohn erwarten? Warum sollte (ein) Gott überhaupt veranlaßt sein,

Menschen etwas zu erstatten? Ist die Annahme von beidem nicht ver-
messener Anthropomorphismus? Kümmert sich Gott so um jeden,
obwohl er es doch bei den Megatoten der Massenkatastrophen gar
nicht tut? Sprechen nicht die harten Fakten in der Welt gegen jeden
frommen Zauber?

REPLIK EINS

Gewiß kann es sich bei der Verheißung der Seligkeit weder um Kalkül
noch um Berechnung, noch um einklagbaren Anspruch handeln. Seligkeit bleibt Gnadenlohn, bleibt unverhältnismäßig. Sie ist keine
automatische Vergeltung, sondern ein persönlicher Gnadenakt. Und
alle Rede vom Lohn hat hier die Aufgabe, die Menschen vor Irritation
und Aufgeben zu schützen.

Daher ist die Rede vom himmlischen Gnadenlohn nichts weiter als
die Folge davon, daß der Täter seine Zukunft in Gottes Hände legt.
Zum Beispiel die christliche Ethik ist insofern eudämonistisch, als sie
den Täter und sein Ergehen jetzt und dann mit in die Tat einbezieht
und keine Entfremdung zwischen Tat und Täter entstehen läßt. Natürlich entsteht dabei die Frage danach, wer die zu erwartende Seligkeit eigentlich garantieren soll. – Gibt es eine andere Auskunft als die
religiöse? Dazu gehört auch das unbesiegliche Vertrauen, daß es eine
Gerechtigkeit gibt und einen Herrgott, was mir immer besonders
deutlich wird, wenn im Gerichtssaal ein Kruzifix zu sehen ist. Wie
sehr Menschen irren können, zeigt das Kruzifix. Und daß ein unschuldig Verurteilter der Richter sein wird, weist irdische Gerechtigkeit nicht ab, doch relativiert sie. Die Geschichte zeigt, daß sie dieser
Relativierung dringend bedarf. Daher ist Gottes Gericht für viele der
letzte Anker vor dem Weggetriebenwerden in die Sinnlosigkeit.

Für eudämonistische Ethik sind auch radikale Forderungen nicht
sinnlos, auch nicht masochistische oder lebensverneinende. Denn
Gott kann man als Leidender wie als Täter seine Zukunft anver-
trauen, weil er die Garantie gibt, Zukunft werde es nicht ohne den
Leidenden oder Täter geben.

Kümmert sich Gott so um jeden einzelnen? Die Basis unseres Menschenbildes ist dies in der Tat, und das kommt auch im Grundgesetz
zum Ausdruck: Jeder einzelne ist heilig. Denn jeder einzelne hat et-

was, im Bild gesprochen, von dem unfaßbaren Glanz des Himmels.
Zwei Bilder können das zum Ausdruck bringen:
Ein rabbinisch-kabbalistisches: Gott hat von sich selbst ein Teilchen in jeden einzelnen Menschen hineingelegt. Der Satan kämpft um
diese Teilchen, er möchte um alles in der Welt Gott ein jedes Teilstück
entreißen und führt einen erbitterten Krieg darum. Der Teufel ist
hocherpicht darauf, diese Goldstücke und -fetzen zu horten, um mit
ihrem Besitz dann selbst Gott zu sein.

Das zweite Bild: Nach Meister Eckhart ist das Bürglein im Menschen Gott erstaunlich ähnlich. So sagt Meister Eckhart:»Ich habe
bisweilen gesagt, es sei eine Kraft im Geiste, die sei allein frei. Bisweilen habe ich gesagt, es sei eine Hut des Geistes; bisweilen habe ich gesagt, es sei ein Fünklein. Nun aber sage ich: Es ist weder dies noch
das; trotzdem ist es ein Etwas, das ist erhabener über dies und das als
der Himmel über der Erde. Darum benenne ich es nun auf eine edlere
Weise, als ich es je benannte, und doch spottet es sowohl über solcher
Edelkeit wie der Weise und ist darüber erhaben. Es ist von allen Namen frei und aller Formen bloß, ganz ledig und frei, wie Gott ledig
und frei ist in sich selbst. Es ist so völlig eins und einfaltig, wie Gott
eins und einfaltig ist, so daß man mit keinerlei Weise dahinein zu lu-
gen vermag. Jene nämliche Kraft, von der ich gesprochen habe, darin
Gott blühend und grünend ist mit seiner ganzen Gottheit und der
Geist in Gott, in dieser selben Kraft gebiert der Vater seinen einge-
bornen Sohn . . .«.[1] »Seht, nun merkt auf! So eins und einfaltig ist
dies ›Bürglein‹ in der Seele, von dem ich spreche und das ich im Sinn
habe, über alle Weise erhaben, daß jene edle Kraft, von der ich gesprochen . . .«.[2] Das Fünklein ist nach Meister Eckhart die Seele, in
der Gott gegenwärtig ist.

REPLIK ZWEI

Die Frage nach der Seligkeit im Rahmen einer eudämonistischen
Ethik fragt auch nach der Theodizee.
Denn allzu oft bleibt das gute Tun ohne entsprechende Wirkung
oder Anerkennung. Das betrifft insbesondere den einzelnen. Von ei-

---

1 Meister Eckhart, hg. J. Quint, München [4]1977. Predigt 2.
2 Ebenda.

ner größeren Familie oder einer ganzen Generation könnte man vielleicht noch sagen, »ihr Einsatz hat sich im ganzen gelohnt«, aber vom einzelnen gilt das dann eben oft gar nicht. Wie soll man ihm im Zweifelsfalle verständlich machen, daß sein Tun nicht umsonst war? Hier besteht gewiß die Gefahr, daß man mit einer religiösen Antwort zu schnell bei der Hand ist. Denn sie scheint ja alles zu wissen. Es könnte sein, daß die Auskunft, diese Menschen seien frei, eine vermittelnde ist. Begründet nicht die Freiheit von Angst, die Freiheit von Sünde, Tod und Teufel eine Lebensgestaltung, die den Träger selig macht und auf andere ausstrahlt.

Die einzige theologisch überzeugende Antwort ist das Kreuz. Gott hat den gekreuzigten Christus durch Leid und Kreuz zur Herrlichkeit der Auferstehung geführt. Darin hat er angedeutet, was er auch allen Brüdern und Schwestern des Gekreuzigten tun will und kann. – Anders gesagt: Gott protestiert durch seine österliche Tat gegen die Menschenverachtung der Naturgesetze. Der Sinn allen Daseins ist nicht das Zermalmtwerden.

Und was die harten Fakten angeht: Sind wirklich die zarten, hauchdünnen Gemälde der Künstler, sind die Vertonungen von Bach, Händel und Mozart frommer Zauber? Der Glaube hat Anteil an dem Trotz Gottes gegen die Sinnlosigkeit von Leiden und Sterben.

ERGEBNIS

Wir stützen uns im Folgenden auf die Denkform der Seligpreisungen. Dabei ist freilich zu beachten: Seligpreisungen sind nicht nur auf die Zukunft gerichtet. Denn voran steht immer »Selig sind. . .«. Das muß der Formulierung nach etwas sein, das auch jetzt schon gilt. Daß diese Freiheit sich hier unter paradoxen Umständen ergibt, ist seit Sokrates bekannt. Daß der Gefangene wahrhaft frei sein kann, der Besitzlose wahrhaft reich. Ich bin nicht der Meinung, daß das Eigentliche und Wahre dann stets innerlich und unsichtbar sein müsse. Das wäre dann ja nur wieder jenseits der Erfahrung und rein transzendent.

Nach Ansicht der Weisheitsliteratur gibt es auch jetzt schon gerade unter den Menschen, die viel zu leiden hatten, Menschen, die weise sind und eine entsprechende Ausstrahlung besitzen. Das ist durchaus auch neutestamentlich und meint den Charismatiker, bei dem Gottes Glanz und Geist schon ist. Doch weiter zu den Seligpreisungen: Genannt werden nicht Bedingungen, um »in den Himmel zu kommen«. Nach dem Aufbau einer jeden Seligpreisung heißt es zuerst »Selig sind . . .«, dann wird ein Zustand, ein Tun oder Erleiden genannt, es folgt darauf eine Verheißung. Entscheidend ist damit, in einem verheißungsvollen Zusammenhang zu stehen. Wer selig gepriesen wird, gehört zu den Trägern eines Lebensmodells, das in allen Phasen mit Glück und Seligkeit zu tun hat. Und daß er eine Zukunft hat, für die sich auch das Durchstehen dunkler und mühsamer Phasen lohnt.

Das, worin die Zukunft besteht, ist nur durch sich ergänzende Bilder zu beschreiben: Lachen, getröstet werden, Gott schauen, satt werden, zu trinken haben.

Auffällig ist: In der lukanischen Form der Seligpreisungen (Lk 6,22-26) geht es sehr deutlich um den Zustand der Verheißungsträger jetzt, bei Matthäus (Mt 5,1-11) stärker um das Verhalten; aber auch bei Matthäus ist das Verhalten nur ein Teil des gegenwärtigen Christseins. Das bedeutet: Die Ethik ist überhaupt nicht isoliert vom gesamten typischen Erscheinungsbild der Christen. – Wir versuchen, diesen Befund theoretisch im Rahmen anderer Modelle von Ethik zu würdigen.

Das Verhalten ist hier Teil eines Lebensmodells, ein wichtiger, aber nicht in jedem Fall der wichtigste. Das, was man aufgrund der eigenen Identität erleidet, ist wohl im ganzen wichtiger. Und das Allerwichtigste ist: Hier sind Menschen, deren Leben in unterschiedlicher Hinsicht mühselig und arm, jedenfalls alles andere als komfortabel ist. Dieser Zustand schuldet sich ihrer ethischen Makellosigkeit (Gerechtheit) ebenso wie der Tatsache, daß sie Christen sind. Diese Gruppen sind allein schon deshalb stark zukunftsbezogen, weil sie wissen, daß der bessere Teil ihnen noch bevorsteht. Es ist dabei nicht unbedingt an ein Leben nach dem Tod gedacht. Und ganz gleich, ob man sie transzendent (auf das Himmelreich) anwendet oder nicht, in jedem Fall stehen die traditionell alttestamentlichen Werte hier im Vordergrund; sie beziehen sich auf das, was Leben sinnvoll macht und als gesegnet offenbart.

Eudämonistische Ethik im hier besprochenen biblischen Sinn ist daher eine Ethik, die ein ganzes Lebensmodell betrifft, in dem auch erwartungsvoll von der Zukunft des Täters die Rede ist.

Mit unserem Thema »Leben aus dem Glanz der Ordnung« hat das deshalb viel zu tun, weil die Angesprochenen Menschen sind, die ihre Kraft wesentlich auch daraus beziehen, daß sie Besseres erwarten dürfen. Die Ordnung, der sie zugehören dürfen, ist eine, in der das Leben nicht sang- und klanglos verlischt. Die Abfolge von Zeit der Mühsal und Zeit des Segens, Zeit der sich erfüllenden Verheißung trägt von Anfang an jenen Hoffnungsschimmer, den das Morgenrot des Seligseins benennt.

Glückseligkeit

Wir hatten oben die Frage nach Sinn mit der Zuordnung von Begehren und Schönheit zusammengebracht: »Dieses Ziel ist offenbar identisch mit dem Sinn von Ausstrahlung und Appetit, von Attraktivität und Begehren, von blühender Schönheit und dem Wunsch, sie zu teilen. Konvivenz ist hier ein ganz erhebliches Stück des *Sinns von Dasein*.«[1]

Wir fragen jetzt nach Immanuel Kants Beitrag zur Frage von Ästhetik und Ethik. Seligkeit, Freude und Sinnerfahrung hängen bei ihm eng miteinander und mit der Wahrnehmung von Schönheit zusammen. Und Immanuel Kant spricht von der Sinnhaftigkeit der menschlichen Existenz: »Einheit, Lebensgefühl, Kontemplation, Interesselosigkeit, Gefühl der Lust und des Gleichgewichts, Spiel, Freiheit ... In all diesen Worten steckt aber, wenn man sie auf den gemeinsamen Nenner bringen würde, die Erfahrung der Seligkeit (Geborgenheit). Der Mensch freut sich an seiner ganzen Existenz, am Dasein und am Dasein der anderen bzw. der ganzen Welt ... So stellt sich heraus, daß die Seligkeit und der Sinn in der Schönheitserfahrung sehr eng verbunden sind. Wo der Sinn ist, ist auch die Seligkeit und umgekehrt ... So können alle Tätigkeiten des Menschen jetzt unter dem Gesichtspunkte der Seligkeit und des Sinns betrachtet werden. Der Mensch in der Schönheitserfahrung will die Welt nicht aus einem

1 Hans Urs von Balthasar, Herrlichkeit II, 17.

Mangel des Erkennens erkennen, sondern weil ihm die Erkenntnis sinnvoll erscheint und die Seligkeit vorbereitet . . . Der Sinn des Menschen und der Welt hängt nicht mehr davon ab, wie er und die Welt sein sollen . . . In ihr (d. h., der Schönheitserfahrung) verfügt der Mensch so frei und erkennend über sich selbst, d. h. spielerisch, über die anderen und die Welt, daß er den Sinn seiner selbst und der Welt geschenkt-verfügt bekommt«.[1]

Versucht man, diese Gedanken zu systematisieren und sich auf Kants Gedankengänge einzulassen, so ergibt sich:

Entweder ich bin von Interessen geleitet oder interesselos. Bin ich von Interessen geleitet, so muß erst noch etwas getan werden, ich verfolge also Zwecke.

Bin ich interesselos, so wird etwas geschenkt, nicht gemacht. Gleichzeitig bin ich frei, habe spielerische Freiheit zum Umgang, stehe nicht unter Zwängen.

Bei den meisten Tätigkeiten liegt der Sinn nicht in ihnen selbst, sondern jenseits ihrer. Insofern ich etwas als schön erfahre, will und muß ich nichts daraus machen. Jede Spaltung zwischen Jetzt und Dann ist aufgehoben. Das entspricht genau dem Zustand, in dem ich Sinn erfahre, genauso wie Schönheit und Seligkeit. So ist es auch mit der Daseinsfreude. Sie will nichts, muß nichts sollen, sie ist nur für sich selbst da. Daher ist bei Kant Kunst grundsätzlich schön.

In der Freiheit von Zweck und Interesse ist indes Seligkeit nur negativ beschrieben. Und auch Sinn besagt zunächst nur etwas über das »Endziel«. Das ist wohl das Höchste, das hier kritische Vernunft leisten kann. Positiver wird es bei Kant nur, wenn er von einem Ergreifen des Sinns spricht, das auch uranfänglich ist. Denn ich würde nicht handeln, wenn ich nicht die Ahnung hätte, daß ich mit meinem Tun und Denken in die Wirklichkeit im ganzen hineinpasse. Und Kunst stellt diesen antizipierten Sinn dar. Kant stimmt wohl mit dem oben formulierten Ansatz überein, daß jede Sollensethik nur von der Erkenntnis des Mangels ausgeht.

---

1 I. Raguz: Sinn für das Gott-Menschliche . . ., Würzburg 2003, 492 f.

Immanuel Kant und Hans Urs von Balthasar[1]

IMMANUEL KANTS ÄSTHETISCHE BEGRÜNDUNG DER ETHIK

Anders als die jüdische und christliche Tradition leitet Kant die moralische Verpflichtung nicht aus dem Gefühl des Erhabenen »über uns« ab. Dagegen kann er dem Vorbild und dem Schönen sehr wohl eine Bedeutung für die Ethik beimessen. »Zwei Dinge erfüllen das Gemüt mit immer neuer und zunehmender Bewunderung und Ehrfurcht, je öfter und anhaltender sich das Nachdenken damit beschäftigt: der bestirnte Himmel über mir und das moralische Gesetz in mir ... Der erste Anblick einer zahllosen Weltenmenge vernichtet gleichsam meine Wichtigkeit ... Der zweite dagegen hebt meinen Wert als einer Intelligenz unendlich durch meine Persönlichkeit ...«.[2]

»Der bestirnte Himmel über mir« – dieses Bild Immanuel Kants gibt besser als alle Theorie zu verstehen, was er (neben dem Gewissen) für den unbedingten Ausgangspunkt der Ethik hält. Denn der gestirnte Himmel reizt zur Bewunderung (»Die Nacht ist erhaben«). Unter ihm ist der Mensch klein, gleichzeitig aber erinnert er sich seiner moralischen Bestimmung, die in ihm liegt, und durch sie ist er dem Himmel überlegen.

Es sei nur kurz angemerkt, daß die jüdisch-christliche Tradition diese beiden Bilder kennt, aber zu ganz unterschiedlicher Wertung kommt.

Denn der Verweis auf den bestirnten Himmel hat Tradition. Schon in der jüdischen Legende über das Leben Adams und Evas (1. Jh. n. Chr.) ist die Ordnung der Natur, insbesondere die der Gestirne, nun allerdings das »Vorbild« für den Menschen.

Kant macht aus dem Vorbild einen Gegensatz. Damit zerbricht er den Gedanken an eine Harmonie. Daß der Mensch – beeindruckt

---

1 Literatur: Hoeps, R., Das Gefühl des Erhabenen und die Herrlichkeit Gottes. Studien zur Beziehung von philosophischer und theologischer Ästhetik, Würzburg 1989. – Raguz, Ivica, Sinn für das Gott-Menschliche. Transzendental-theologisches Gespräch zwischen den Ästhetiken von Immanuel Kant und Hans Urs von Balthasar, Würzburg 2003. – Hartmann, M., Ästhetik als ein Grundbegriff fundamentaler Theologie. Eine Untersuchung zu Hans Urs von Balthasar, St. Ottilien 1985.
2 Kant, Kritik der praktischen Vernunft 288-289.

durch die Harmonie oder Schönheit der Welt – sich angehalten können fühlte, moralisch zu handeln, liegt ihm fern. Übrigens findet sich
der Gedanke des Ausgeliefertseins an die niederdrückende bleierne
Weltgesetzlichkeit wieder bei dem Kantianer Hans Jonas, und zwar
in seinem Buch über Gnosis[1], zur Charakterisierung gnostischen
Welt- und Lebensgefühls. Dem setzt er dann später das »Prinzip Verantwortung« entgegen.

Das Erhabene (wie den bestirnten Himmel) verbindet Kant mit Erfahrung der Kleinheit, mit Armut und Fremdheit des Menschen.[2]
Eine ähnlich große Bedeutung wie wir mißt Kant dem moralischen
Vorbild bei. Er unterscheidet Nachahmung von Nachfolge und plä-
diert für die letztere, da sie einen Raum schöpferischer Freiheit er-
öffne.[3] Denn das bedeute: »aus denselben Quellen schöpfen, woraus
jener selbst schöpfte«.[4]

Auch den Weltenschöpfer und seine Herrlichkeit erwähnt Kant,
aber nicht als Urbild des Handelns, sondern im Gegenteil: Weil der
Weltregierer uns sein Dasein oder seine Herrlichkeit nur mutmaßen,
nicht aber erblicken und klar beweisen läßt, nur deshalb wird verhin-
dert, daß wir bloße Marionetten werden und aus Furcht handeln. So
aber ist die unerforschliche Weisheit »durch die wir existieren, nicht
minder verehrungswürdig . . ., in dem, was sie uns versagte, als in
dem, was sie uns zuteil werden ließ.«.[5] – An dieser Stelle ist unser Lö-
sungsvorschlag dem Kants klar entgegengesetzt.

Zumindest hat das Schöne aber nach Kant eine erzieherische Funktion: Es fördert Besserung, besitzt eine Tendenz zur äußeren Beförde-
rung der Moralität. Denn die Schönheit ist »Erweis der Sitte«.[6]

Nach Kants dritter Kritik gilt: In der Erfahrung des Schönen fühlt
sich der Mensch einheitlich mit der Natur und spürt die Ganzheit der
Welt in der Harmonie mit sich selbst. So erfährt der Mensch Freiheit
und Hoffnung zugleich. Nach Kant hat das freie Handeln des Men-

---

1 Jonas, Gnosis und spätantiker Geist I, 1934.
2 Raguz 151.
3 Kritik der Urteilskraft § 32.
4 Ebenda B 138 f.
5 Kritik der praktischen Vernunft 264-266.
6 Kritik der Urteilskraft 3, § 59.

schen daher außer der Voraussetzung der Nicht-Evidenz der Gottes-idee auch die der Sinnhaftigkeit der Welt.[1] Erst so eröffnet Kant den Weg von der Wissenschaftslehre zur Ge-schichtsphilosophie.[2] Denn erst in einer »günstig-gnädigen Welt« kann der Mensch frei sein.[3] Das höchste Gut wäre nach Kant eine Einheit zwischen der morali-schen Pflicht und der Glückseligkeit; doch Kant weiß: Es bleibt un-realisierbar.[4]

HANS URS VON BALTHASAR (1905-1988)

Hans Urs von Balthasar begründet eine ästhetische Theologie und nennt sie so erstens wegen ihrer Geheimnishaftigkeit, zweitens wegen der Bedeutung der Sinnlichkeit in der Theologie und drittens wegen der Freiheit und Gratuität der Enthüllung und der Offenbarung Got-tes. Unter letzterem versteht er: »Das unfaßbare Sein erscheint in sei-ner nicht-notwendigen Schönheit und als solches verweist es auf Gott; die unfaßbare Gestalt Jesu Christi verweist auf und offenbart Gottes Herrlichkeit«.[5] Der Gottesbezug kann auch so formuliert werden:»Gottes Liebe bewahrt die Schönheit des Seins und jedes Sei-enden in ihrer Gratuität und Geheimnishaftigkeit. In diesem Sinn ist die Welt für Balthasar Symbol Gottes«.[6] Schönheit aber ist »Vollkom-menheit der sinnenhaften Weltvorstellung als einer solchen«.[7]

Hans Urs von Balthasar faßt – insbesondere in seinem monumentalen Werk »Herrlichkeit« – die theologische Ästhetik im Sinn der sichtba-ren Wahrnehmung Gottes. Diese hat Gott ermöglicht, indem er Mensch wurde. Daher ist der Grund theologischer Ästhetik der Wille Gottes,»sich . . . wirklich zu offenbaren, der Welt so weit nur immer möglich erfaßbar zu werden«. Gott erscheint in irdisch sichtbarer Ge-

1 Raguz 475.
2 Ebenda 469 f.
3 Ebenda 470.
4 Ebenda 468.
5 Ebenda 460.
6 Ebenda 480.
7 M. Hartmann 52.

stalt, das Paradigma ist Inkarnation. In ihrer Gestalthaftigkeit unterscheidet sich Offenbarung vom bloßen Zeichen.

Auf diesem Ansatz fußt die Kritik Balthasars an einer bloßen Symboltheologie wie auch an der protestantischen Wort-Gottes-Theologie. Diese hat ja die Neigung, auch die Wunder und Epiphanien auf reine Bedeutsamkeit zu reduzieren.

Auch in der Offenbarung bleibt eine Spannung erhalten; Balthasar deutet sie als das Verhältnis von Gestalt und Glanz: »Dieses Innere scheint als Glanz aus der Gestalt hervor. Gestalt und Glanz stehen in einem spannungsvollen Konnex, in dem die Gestalt dem Unsichtbaren als Glanz zur Erscheinung verhilft, während dieser die Gestalt zum Ort seines Hervortretens macht. Deshalb ist die Gestalt nicht verweisendes Zeichen, sondern Ort der Präsenz, wobei sich das Unsichtbare in ihr sowohl offenbart als auch verhüllt, sofern es nicht an sich zutage tritt, sondern im aufscheinenden Glanz sich stets an die Gestalt bindet«.

Zum Thema Schönheit bemerkt Balthasar, sie sei »Grenze solcher Aussagemöglichkeiten«, sie »ist das letzte, woran der denkende Verstand sich wagen kann, weil es nur als unfaßbarer Glanz das Doppelgestirn des Wahren und Guten und sein unauflösbares Zueinander umspielt«.

Mit Gestalt als ästhetischem Brennpunkt ist bei von Balthasar zunächst die menschliche Gestalt in ihrer Ausstrahlung gemeint. Doch andere Typen von Gestalt sind nicht ausgeschlossen oder auszuschließen.

OFFENBARUNG UND GESTALT BEI VON BALTHASAR

Von Balthasar hat eine Ästhetik der Gestalt entworfen und betreibt Ästhetik wesentlich als Erfahrung von Gestalt. Dabei geht es ihm vorrangig um die Gestalt Jesu als Ausdruck von Offenbarung: »Es ist von ›Nehmen‹ und ›Empfangen‹ die Rede, nicht von subjektivem Verklären; es ist von einer ›wachen Aufmerksamkeit‹ die Rede, die mit Liebe zusammengeht, um ganz objektiv, nämlich ›gründlich und groß‹ zu ›empfangen‹, und diese liebend-aufmerksame Öffnung kann alles nurmehr ›als Schönes‹ aufnehmen und wird deshalb zu einer umfassenden Bewunderung«.[1]

1 Vgl. v. Balthasar, Herrlichkeit 3,1,1,22.

Wir rekonstruieren den Gedanken Balthasars und nehmen andere seiner Gedanken zu Hilfe: Das Besondere der christlichen Offenbarung besteht darin, daß sie nicht als eine lange Rede ergeht, sondern in Person und Gestalt Jesu Christi. Er selbst ist Gottes Offenbarung, und diese ist nicht neben ihm. Bei einer solchen Art von Offenbarung ist der Zugang nicht, daß die Adressaten zuallererst etwas unternehmen. Weder müssen wir analysieren noch rekonstruieren, weder die Gestalt auf Inhalte hin interpretieren noch davon ausgehen, die Jünger oder die frühe Kirche habe Jesus vergottet, d. h. mit ihm etwas »gemacht«. Immer reizt es uns, mit unserer Aktivität, mit »Erklärungen« oder dem Wunsch dazu oder der Ahnung darüber, sie sei am Werke gewesen, die Offenbarung selbst zu bevormunden. Wir wollen oder können sie nicht gelten lassen, wie sie ist.

Die Gestalt wahrzunehmen bedeutet: Sich gerade dem wirklich auszusetzen, was hier christlich gesehen wirklich Offenbarung sein soll: Jesus als wahrer Mensch und wahrer Gott, nicht irgendwelche Ideen. »Wird der antwortende menschliche Freiheitsakt in Gottes warumlos-freie Hingabe hineinbezogen, dann erhebt er sich über alle bloß teleologische Ethik und transzendiert in die reine Sphäre der interesselosen Anbetung und Liebe«.[1] Daraus heben sich die Wörter »teleologisch« (zielgerichtet) und »interesselos« als Gegensätze heraus. Dasselbe gilt von »Ethik« in Differenz zu »Anbetung und Liebe«.

Was sich in der Welt offenbart, ist Herrlichkeit: »Herrlichkeit« ist nicht zu befragen, sie wird nur bewundert, kontempliert und angenommen. »So hat die Offenbarungsgestalt eine absolute Evidenz und den nichtbefragbaren Vorrang vor dem Subjekt. Der Mensch muß evidente Fakten des Seins . . . im Gehorsam annehmen«. Man hat deshalb von Balthasar den »katholischen Kierkegaard« genannt: Jeder Mensch steht in geschichtsloser Entweder-Oder-Situation angesichts der Objektivität oder der Schönheit des Seins und der Offenbarung, in der es nur die Alternative Gehorsam oder Ungehorsam gibt.[2] Der Sinn der menschlichen Existenz ist vom Sein oder der kosmi-

---

1 Ebenda 3,1,2,458.
2 Raguz 482.

schen Ordnung her begründet. Das Schöne ist eine Seinseigenschaft,
nicht subjektives Urteil.[1] Der Sinn existiert vor dem Menschen, so
daß er nur von ihm enthüllt und angenommen wird.[2]
Diesem ontologischen Ansatz entspricht ein Verhalten. Denn
ästhetische Haltung ist nach von Balthasar: Die erste philosophische
Haltung vor der evidenten Schönheit des Seins ist die Verwunderung,
in der der Mensch der unfaßbaren und warumlosen Schönheit des
Seins recht gibt. Die Verwunderung ist eine Haltung der Indifferenz,
des Seinlassens, der Offenheit, mit einem Worte: der Liebe.[3]
Die angemessenen Verhaltensweisen sind daher: Interesselosigkeit
der Liebe, Hingabe an das Objekt, Gestaltlesen und Ergriffensein
vom Objekt. Denn der Adressat der Sichtbarmachung von Sein ist der
Mensch, ergriffen, in Besitz genommen, in die Wirklichkeit des Schö-
nen gesamthaft entrückt, von ihr bestimmt und durch sie begeistert.
Wichtige Begriffe für von Balthasar sind dabei Gratuität, Glauben
und Gehorsam:
Zum Glauben: Sein in seiner geheimnisvollen Schönheit verlangt
Glauben. Glauben ist dem Sein real angemessen.[4]
Zum Gehorsam: Das Sein in seiner Herrlichkeit erfordert kontem-
plativen Gehorsam, Übergabe der eigenen Person, ein Sich-verfügen-
Lassen.[5]
Als Programm einer Ethik heißt das Staunen mit Hingabe. Oder:
Der Mensch muß in der Schönheitserfahrung seine Erkenntnis und
seine Freiheit höchst spielerisch anstrengen,[6] damit sie sich selbst
überschreiten und dann den schon bestehenden Sinn für das Menschliche finden und annehmen können.[7] »Der Sinn, der aus der Schönheitserfahrung hervorgeht, ist nicht gegen die Erkenntnis und die
Moral, sondern ihre spielerische Ausweitung und Radikalisierung
und sinnvolle Verwendung: Der Verstand und die Vernunft überschreiten sich in der Schönheitserfahrung auf ihren Sinn hin«.[8]

1 Ebenda 489.
2 Ebenda 491.
3 Ebenda 480.
4 Ebenda 480.
5 Ebenda 482.
6 Ebenda 491.
7 Ebenda 491 f.
8 Ebenda 492.

ZUM VERGLEICH ZWISCHEN HANS URS VON BALTHASAR UND IMMANUEL KANT

1. Die Schönheit des Seins enthüllt nach von Balthasar das Sein und die Seienden als sinnvoll für die Menschen. Im Gegensatz zu Kant wird die Sinnhaftigkeit der Welt oder des Seins vom Subjekt am Sein selbst abgelesen.

2. Auch bei Kant liegt der Ethik die Erfahrung der Sinnhaftigkeit der menschlichen Existenz zugrunde. Der beiden gemeinsame Nenner ist: die Erfahrung der Seligkeit (Geborgenheit); der Mensch freut sich an seiner Existenz, am Dasein und am Dasein der anderen bzw. der ganzen Welt . . . Wo der Sinn ist, ist auch die Seligkeit und umgekehrt[1] – Seligkeit und Sinn.

3. Auch nach I. Kant sind Sinn und Schönheit jenseits alles Machens als geschenkt und verfügt anzunehmen. Darin besteht eine große und wichtige Übereinstimmung mit von Balthasar. Der Interesselosigkeit der Wahrnehmung der Schönheit nach Kant entspricht die »indifferentia« nach Balthasar. So liegt alles daran, ob man bereit ist zu empfangen, das heißt: wahrzunehmen, sich von den Scheuklappen der Subjektivität zu befreien.

Für unsere Frage nach Ethik und Ästhetik übernehmen wir folgendes aus diesen theologischen Gedankengängen: Der Ort der Wahrnehmung der Gestalt liegt entweder »vor« aller Ethik oder »danach« – darin sind übrigens Kant und von Balthasar einig. Kant deutet die Sinnerfahrung ganz als eine Erfahrung von Schönheit: »Sinn-Ergreifen ist als das aktive Ergreifen der möglichen Übereinkunft meiner mit meinem ganzen Sein als Übereinkunft mit dem Sein im Ganzen die Ur-Handlung, die jeder Einzelhandlung erst den ermöglichenden Grund vorgibt . . . Wie dieser Vorgang als das Ursprünglichste ist, so ist er auch das Umfassende schlechthin, das mich im Ganzen in eins mit dem Seienden im Ganzen umgreift. Es ist die verborgene, aber um so wirksamere Philosophie, die am Anfang aller Gedanken, Worte und Wege des Menschen steht«.[2]

Das heißt: Die Erfahrung von Sinn rahmt unser Handeln als Grund

1 Ebenda 493.
2 Kritik der Urteilskraft § 46, B: 181.

wie als Ziel und Sinn. Diese Erfahrung kann man auch ästhetisch
nennen. Denn sie ist nicht selbst zweckorientiert, ist nicht analytisch,
sondern wird einem geschenkt. Sie ist Sinn-Vertrauen und grundsätzlich orientiert an der möglichen Einheit von einzelnem und ganzem.
In unserer Terminologie: Sie ist Urvertrauen und Vision, denn sie ist
vor-ethisch und regelt den Sinn. Sie gibt die Kraft und läßt die Herrlichkeit aufleuchten. – Die Beziehung zur Ethik wird besonders dann
deutlich werden, wenn ein Mensch Vorbild ist. Denn das ganzheit-
liche Aufblicken zu einer Gestalt ist wichtiger als ihre Reden.

Das oft beklagte Fehlen einer »Zukunftsvision«, zum Beispiel bei
politischen Parteien, ist hier genauso zu nennen wie die Frage nach
dem je unterschiedlichen Menschenbild, das in einer Gesellschaft gelten soll. Hier sind beträchtliche Defizite zu melden, sie liegen im pro-
grammatisch-ästhetischen Bereich. Auch bezüglich der Praxis der
Gesetzgebung fällt ein Mißverhältnis zwischen Geboten und Verord-
nungen im Vergleich zu dem auf, was man Sinn nennt.

Kants Theologie des Erhabenen wirft Licht auf von Balthasar: Die
Schönheitserfahrung ist »in sich nicht tragend genug«, »die
ästhetische Erfahrung der Sinnhaftigkeit des Menschen und des Seins
zu begründen: Sie stößt an ihre eigenen Grenzen und verweist über
sich hinaus.«[1] Denn dann gilt bei von Balthasar: »So vertieft sich die
ästhetische Erfahrung des Schönen – des Sinnes für das Menschliche
und der Seligkeit – zum Symbol : Ihr Glanz verweist auf Gottes absolute Schönheit. Er erscheint als der Urheber und der Grund der Sinnhaftigkeit, der Seligkeit, der Gnade und der Liebe des Menschen und
des Seins. Aber hier sind der Mensch und das Sein wieder nur unproblematisch gedacht worden, so daß ihre dunkle Seite überhaupt nicht
vorkommt: die religiöse Erfahrung ist die einfache Vertiefung und die
ununterbrochene Fortsetzung der ästhetischen Erfahrung: Vom Sinn
für das Menschliche zum Sinn für das Göttliche. Es ist die Erfahrung
des geschlossenen Kreises oder des mütterlichen Schoßes, in dem der
Mensch, die Welt und Gott friedlich und unproblematisch koexistie-
ren. So zeigt die Erfahrung des Erhabenen die Problematik der
ästhetischen und der religiösen Erfahrung auf.«[2]

1 Raguz 498.
2 Ebenda 500.

Die Grundlage in biblischen Weisheitstexten

Das Thema der weisheitlichen Ethik gehört elementar in dieses Buch hinein, denn in der orientalischen und biblischen Weisheit werden Erfahrungen von Ordnung gesammelt, und die Weisheit besitzt nach Auskunft der biblischen Autoren ihre eigene Faszination und Erotik. Dabei versteht man unter Weisheit zu Sätzen geronnene Lebenserfahrung.

Zur Eigenart der weisheitlichen Ethik

Weisheitliche Ethik besitzt gegenüber prophetischer Predigt wie auch gegenüber Moraltraktaten und Kasuistik besondere Merkmale: Sie ergeht in besonderer Form (»weisheitlicher Mahnspruch«), sie spitzt zu im Sinn dualistischer Formulierung (weiß/schwarz, weise/dumm), sie kommt nicht aus einem System, sie ist global und paßt für jedes Volk. Dafür fehlt jedenfalls der klassischen Weisheit Israels jeder Bezug auf die Geschichte Israels und sogar auch jede auf politische Veränderung zielende Mahnung. Langmut, Gewaltverzicht und realistische Selbsteinschätzung sind die guten Früchte der Weisheit, und entsprechend sind ihr am meisten verhaßt Ungeduld, Übereilung und Überheblichkeit.

Der einzelne Weisheitsspruch ist auch nicht für die Ewigkeit formuliert, sondern die Produktion ähnlicher Sprüche ist prinzipiell unabgeschlossen und setzt sich über Jahrhunderte fort.

Zeit ist nach weisheitlicher Ethik nicht physikalisch zu verstehen, sondern je nach Inhalt »gefüllt«. So kommt es darauf an, sensibel zu sein für das, was Gott zu bestimmter Zeit will, wozu er eine Zeit festgesetzt hat. Zu anderer Zeit kann dasselbe falsch sein.

Legitimiert wird der weisheitliche Mahnspruch durch die Autorität des Sprechers (z. B. der König Salomon), nicht aber durch frühere Sprüche oder gar Zitate von Einzelgeboten.

Der implizite Rahmen der Weisheit ist eine lebendige Weltordnung, der dieser Spruch dient. Im Unterschied zu prophetischen Mahnungen rechnet die Weisheit nicht damit, daß Gott in die Geschichte mächtig eingreift oder sie durchkreuzen möchte. Vielmehr wünscht die Weisheit, daß der Mensch sich in die Ordnungen einfügt, die Gott garantiert.

Besonderheiten

Weil der biblische Gott der Schöpfer ist, muß jedes Ordnungswissen auch Theologie sein. Weil die Schöpfungsordnung von Gott Zeugnis gibt, ist die Rede vom Naturrecht theologisch begründet und nicht willkürliche Auslegung.

Die Besonderheit biblischen Denkens ist in diesem Zusammenhang: Die Weisheit ist Gottes emanzipierte Tochter (bildlich zu verstehen; auch die ägyptische Maat ist Gottes Tochter), sie ruft von sich aus die Menschen an, sie ist – wiederum bildlich gedacht – wie eine Gastwirtin, die die Menschen auf der Straße anspricht und in das eigene Haus zum Essen und Schlafen einlädt:

»Die Weisheit hat ihr Haus gebaut, hat ihre sieben Säulen aufgestellt, ihr Vieh geschlachtet, ihren Wein gemischt, auch hat sie ihre Tafel schon gedeckt. Sie sandte ihre Mägde aus und ruft am Vorsprung bei der hohen Burg der Stadt: Wer ungelehrt ist, biege hierherein, und wem die Einsicht fehlt, dem will ich künden: Kommt her, genießt von meinem Brot und trinkt vom Wein, den ich gemischt! Gebt Torheit auf, damit ihr lebt und schreitet auf der Einsicht Pfad!« (Prov 9,1-7)

Die Weisheit hat daher eine Funktion in der Öffentlichkeit und geht mit ihrem Ordnungswillen an die Menschen heran; damit ist die Vorstellung, daß der Mensch die Weisheit sucht, aufgegeben durch die Selbstpräsentation der Weisheit. Ihre Feindin ist – weisheitlichem Dualismus entsprechend – die »feindliche Frau«, die Fremde, die verführerisch und glatt redet. Durch ihren Auf- und Anruf gibt die Weisheit ein Selbstzeugnis der eigenen Ordnung. Wenn sie sagt: »Kommt und eßt...« (Prov 9,1-5), dann lädt sie zu einer intensiven Einkehr ein. In diesem Essen der Weisheit liegen im übrigen gewiß die Vorstufen der Einladung Jesu zum letzten Mahl, in dem er sich selbst zu essen gibt.

Drei Elemente sind es, die bei diesem religionsgeschichtlich einmaligen Anrufen der Weisheit hervortreten: der strahlende Glanz der Weisheit und die von ihr ausgehende Faszination, die Begründung der moralischen Ordnung in ihrer Person und das unübersehbar erotische Element.

Der Glanz der Weisheit

»Strahlend und unverwelklich ist die Weisheit, leicht wird sie erschaut von denen, die sie lieben, und gefunden von denen, die sie suchen.« (Weish 6,12-16). Der Glanz der Weisheit ist damit dem Alten
Testament geläufig.

Bei Sir 24,13 f.16-20 stellt die Weisheit eine faszinierende Schönheit dar: »Ich wuchs empor wie eine Zeder auf dem Libanon, gleich
der Zypresse auf den Hermonbergen. Ich wuchs empor wie eine
Palme zu Engedi und wie die Rosenpflanzungen in Jericho, wie ein
gar schöner Ölbaum in der Ebene; ich wuchs empor wie die Platane
an den Wassern . . . Ich streckte meine Äste aus wie eine Terebinthe,
und meine Zweige waren Zweige voll von Pracht und Zier. Ich trieb
gleich einem Weinstock holde Sprosse, und meine Blüten wurden üppig reiche Früchte . . .«. Man vergleiche auch 16,32: »So laß ich weiter gleich dem Frühlicht meine Lehre leuchten und will sie strahlen
lassen bis in große Ferne.« Die Licht-Metaphorik (Strahlen) tritt daher gleichrangig neben die Ästhetik schön gewachsener Pflanzen.

Nach Weisheit 13,3 weist die Schönheit der Kreatur auf Gott:
»Wenn die Menschen nun durch deren (d.h., Feuer, Luft, Gestirne,
Wasser, Leuchten des Himmels) Schönheit erfreut, sie für Götter an-
sahen, hätten sie doch erkennen sollen, wieviel besser deren Herr ist;
denn der Urheber der Schönheit hat sie erschaffen . . . (5) Denn aus
der Größe und Schönheit der Geschöpfe wird vergleichsweise ihr Urheber erschaut . . . (7) Denn bei seinen Werken verweilend, forschen
sie und lassen sich verführen durch den Augenschein, weil das Geschaute gar schön ist.«

Die nächste Analogie zu Röm 1,19-21 findet sich bei Pseudo-Ari-
stoteles (3. Jh. v.Chr.?), »Über die Welt«.[1] Er vergleicht die unsichtbare Lenkung des Alls mit dem menschlichen Leib, den eine unsichtbare Seele regiert: »Denn die ganze Ordnung des Lebens wird von ihr
gefunden, geordnet und zusammengehalten, das Ackern und Be-
pflanzen des Landes, die Einfälle der Technik . . . Solches muß man
auch über Gott durchdenken. Er hat die stärkste Kraft, die herrlichste

---

1 Zitiert nach K. Berger/C. Colpe: Religionsgeschichtliches Textbuch zum Neuen Testament, Göttingen 1987, Nr. 351.

Schönheit, das Leben eines Unsterblichen, die Tugend des Besten. Deswegen ist er für jede sterbliche Natur unanschaubar und wird von den Werken selbst her geschaut. Denn die Geschehnisse . . . können wirklich Werke Gottes genannt werden, der den Kosmos in seiner Macht hält.« Der Rückschluß auf eine ordnende Schönheit war daher Paulus vorgegeben.

Die Begründung der moralischen Ordnung

Die verlockend schöne Frau namens Weisheit begründet das ethische Verhalten. Denn sie mahnt zu Gerechtigkeit und Geradheit.

Wenn die Weisheit sagt »Durch mich regieren die Könige«, dann stellt sie sich als Ordnungsmacht vor und preist die Fähigkeit zu guter Regierung als ihre Gabe.

Sie ist die geheimnisvolle Ordnung in allen Dingen und darin die direkte Spur des Schöpfers. Auf dieser Ordnung der Dinge beruht alle Moral. Gerhard von Rad nennt sie daher »Urordnung, Ordnungsgeheimnis, Weltvernunft, zurückreflektierende Herrlichkeit der Welt«.[1] »Aber auch das, was wir unter der moralischen Ordnung verstehen, war nach der Meinung des Lehrgedichts in der Urordnung der Welt von Anbeginn her verankert.«[2]

Das erotische Element der Weisheit

Die Torheit wird als lasziv und lasterhaft geschildert, die Weisheit aber heißt in einem apokryphen Sirach-Vers (24,12) »Mutter der schönen Liebe«, eben der schönen und nicht der verruchten Liebe. Nach Sir 15,2 gilt von ihr: »Sie kommt ihm (dem Weisheitsschüler) entgegen wie eine Mutter, und wie eine junge Frau nimmt er sie auf.«

Und so lauten die Verheißungen dieses Liebesverkehrs: »Mit ganzer Seele nähere dich ihr und mit ganzer Kraft halte ihre Wege ein! Frage, forsche, suche und finde, ergreife sie und laß sie nicht los! Denn zuletzt wirst du ihre Ruhe finden, und sie wird sich dir in

1 G. v. Rad, Weisheit in Israel 1970, 204.
2 Ebenda 212.

Wonne verwandeln.« (Sir 6,26-28). Und nach Sir 4,15 hatte die Weisheit selbst verheißen:»Wer auf mich hört, wird sich in meinen innersten Gemächern lagern.«

Zu Sir 14,20-27 bemerkt Gerhard von Rad:»Wenn es irgendwo in Israel eine ans Mystische grenzende Auslieferung des Menschen an die Herrlichkeit des Seins gab, dann in diesen Texten, die von einem sublimen Liebesbund zwischen den Menschen und dem göttlichen Schöpfungsgeheimnis zu reden wissen. Hier wirft sich der Mensch mit List einem Sinn entgegen.«[1]

In Prov 8,12 verheißt die Weisheit:»Die mich lieben, liebe ich«. Das Liebesverhältnis ist wechselseitig. Auch in diesem Punkt wird die johanneische Christologie in der Weisheit vorbereitet.

Dieses erotische Element in der Theologie bleibt dem späteren Judentum und dem Christentum erhalten. Doch die Pole werden vertauscht. Während in der»Weisheit« die Weisheit die aktive, einladende Frau ist und der menschliche Schüler auf der männlichen Seite steht, wird später in der Auslegung des Hohenliedes und in der christlichen Mystik der Mensch auf die Seite der Frau wechseln, während der göttliche Partner (Jesus Christus) fortan männlich ist. Dem entspricht auch bereits, daß schon das Johannes-Evangelium die Weisheit männlich deutet (als Logos) und auf Jesus Christus bezieht. Auch die Hagia Sophia in Byzanz ist eine Christuskirche. In der mittelalterlichen Mystik z. B. der Zisterzienser ist die weibliche Partnerin die »anima«, biblisch im Bild der Gottesmutter Maria, während der männliche Partner Jesus der Bräutigam ist.

Eine besondere Interpretation erfährt die weisheitliche Verbindung von Vernunft und Liebe im Johannes-Evangelium. Da die Weisheit männlich gedeutet ist (als Logos), wird auch die Liebe nicht mit sexueller Metaphorik gedeutet. Aber der johanneische Jesus verkündet sie als den entscheidenden Weg. Auf ihn könnte man beziehen, was Hans Blumenberg zu Kants Religionsphilosophie sagt, was aber auch für seine Ästhetik gilt:»Die Liebe bedarf zutiefst des Gesichts, sie verzagt vor dem ›physiognomisch‹ Unfaßbaren, vor dem, was zu ›rein‹ ist, als daß es Gestalt annehmen, ›Fleisch werden‹ könnte. Die Kraft der Religion liegt gerade in dem Anthropomorphismus Gottes, der doch

---

1 Ebenda 220.

auch der Inhalt der christlichen Inkarnation ist und dem der ›reine Religionsglaube‹ *Kants* gerade widerstehen will. Das, was man das ›physiognomische‹ Moment der Religion nennen könnte, sieht *Kant* nicht in seiner vollen, für die ›reine‹ Vernunft gewiß anstößigen, aber ›menschlich‹ unausschlagbaren Bedeutung. Die Phänomene der Religion gelten ihm als bloße ›Vehikel‹, die der reine Religionsglaube im Fortgang seiner Durchsetzung abstoßen wird. Was aber, wenn Gott immer der Vehikel bedarf, um für den Menschen *wirklich* (Hervorhebung von mir) sein zu können? *Wirklichsein* (Hervorhebung von mir) heißt ja mehr, als in der Hoffnung aus der Dimension der *Zukunft* gewärtigt zu werden. In aller Religion geht es um die *Präsenz* und *Präsentation* des Göttlichen, um eine Form gegenwärtiger Gewißheit, die nun wiederum der ›visio beatifica‹ einer Welt, erfüllt von Göttern, im Sinn *Hölderlins*, näher steht als dem ›intelligiblen Reiche‹ *Kants*. Das Gemeinsame, philosophisch Unerreichbare liegt im Überschreiten des ›Begreifens‹ zum ›Lieben‹ hin.«[1]

Weisheit und Freude

Nach Weis 8,16 gilt: »Komme ich dann nach Hause, will ich ausruhen bei ihr; denn der Umgang mit ihr bringt keine Bitterkeit mit sich und keinen Verdruß die Lebensgemeinschaft mit ihr, sondern Frohsinn und Freude«. Hieß es doch schon in Prov 8,30-31: »Ich war seine (Gottes) Wonne Tag für Tag, indem ich vor ihm spielte allezeit. Ich spielte auf dem Umkreis seiner Erde, und meine Wonne sind die Menschenkinder«. Die Weisheit ist daher wie ein wonniges Kind, das Gott und den Menschen gleichermaßen Freude macht.

Alle diese Sätze über die Weisheit sollen sagen: Die Weisheit ist angenehm und leicht. So wird auch Jesus von seinem Joch sagen (Mt 11,28-30: »freundlich«, »leicht«), und das »Kommt her zu mir« (Mt 11,28) ist ein weisheitlicher Einladungsruf.

---

1 Hans Blumenberg, Kant und die Frage nach dem »gnädigen Gott«, 570.

Weisheitliche und prophetische Ethik

Das Lebensgefühl und die Lebenspraxis Jesu begründen sich von einem himmlischen Vater her, der für die Lilien des Feldes in ihrer Schönheit sorgt, der sich um das Gras kümmert und ohne den kein Spatz am Himmel fliegt. Dem Stil nach redet Jesus hier ganz weisheitlich, und auch die Schönheit der Welt fehlt nicht. Die so begründete Vorsehung Gottes ist für Jesus ausdrücklich die Voraussetzung für das, was er von den Jüngern eigentlich will. Sie sollen auf Gottes Vorsehung »weisheitlich« vertrauen. Dadurch gewinnen sie Freiheit, exklusiv »die Herrschaft Gottes und deren Gerechtigkeit« zu suchen (Mt 6,33). Man kann sagen: Das prophetische Element (zu sorgen für die Durchsetzung von Gottes Herrschaftswillen in der Welt) ruht auf dem weisheitlichen.

Auch bei Paulus sind beide Traditionslinien erweisbar. In Röm 13,1-7 redet er ganz weisheitlich von der Obrigkeit und ihrer juristischen Funktion. Wer sie mißachtet, richtet sich gegen Gott. Denn die Ordnung der Welt ist von Gott. Für die Weisheit Israels gilt: Die Hochschätzung des Königs und der Gehorsam ihm gegenüber ist geradezu typisch für die Weisheitslehre, gilt doch der König als Garant der gesellschaftlichen Ordnung«,[1] und Prov 20,8.26 ist direkt mit Röm 13 vergleichbar. »Man ist erstaunt, daß über den König in einer Weise gesprochen werden kann, die der gleicht, in der man über Jahwe spricht. Für die Weisheit scheint zu gelten: so wie Jahwe die Ordnung in der Welt setzt und über sie wacht, so der König im Abbild des Staates.«[2]

Ganz anders dagegen in 1 Kor 1-2: Ausdrücklich erörtert Paulus das Thema Weisheit der Herrscher. In ihrer politisch-historischen Erscheinungsform ist diese Weisheit gescheitert. Das beweist die Kreuzigung Jesu. Damit ist aber die Regierungskunst der bestehenden historischen Welt entlarvt, und Paulus muß Gottes Weisheit als Gegenbild entwerfen. Doch Röm 13 zeigt eben, daß Paulus – abgesehen von historischem Versagen in konkreter Geschichte – den Sinn der Weltordnung nicht anzweifelt.

1 H. Gese, Lehre und Wirklichkeit in der alten Weisheit, 35.
2 Ebenda 36.

Resultat

Die in diesem Entwurf vorgelegte ästhetische Begründung einer Ethik bezieht sich entschieden auf die biblische und außerbiblische Weisheitslehre.

Die weisheitliche Ethik baut auf Einsicht und Sachverstand – und nicht auf die restlose Verbindlichkeit und Direktheit des prophetischen Wortes.

Damit eignet der Weisheit etwas im guten Sinn Spielerisches und Bewegliches. Nach weisheitlichem Denken wäre Tyrannenmord möglich, wenn es Zeit dazu ist. Versteht man Röm 13,1-7 dagegen prophetisch, so ist das nicht möglich, denn dann gilt der Text als direktes Gebot. Durch den Aufweis des weisheitlichen Charakters von Röm 13,1-7 könnte dagegen hier Klarheit gewonnen werden.

Die Weisheit bedenkt ihre eigenen Grenzen. Sie versteht sich als menschliche Aussage über göttliche Ordnung. Sie ist nach eigenem Selbstverständnis nicht direkt Gottes Wort. Sie steht in der Mitte zwischen Gott und Mensch.

Dort, wo Propheten von Zorn und Gericht Gottes reden (müssen), sprechen die Weisheitslehrer von der Schönheit und Anmut der Weisheit, von der Freude, die sie bereitet und von ihren Gastmählern. Das Unbedingte, das bei den Propheten Gottes Wille und Gebot ist, könnte in der Weisheitsliteratur das Verliebtsein in die Weisheit sein.

Dieses Verliebtsein rührt daher, daß Weisheit letztlich »schön« ist.

Und zum Stichwort des Spielerischen: In der Weisheit können »alle Tätigkeiten des Menschen jetzt unter dem Gesichtspunkt der Seligkeit und des Sinnes betrachtet werden. Der Mensch in der Schönheitserfahrung will die Welt nicht aus einem Mangel des Erkennens erkennen, sondern weil ihm die Erkenntnis sinnvoll erscheint und die Seligkeit vorbereitet. Das heißt: Der Sinn des Menschen und der Welt hängt nicht von der üblichen Erkenntnis ab. Er soll auch nicht frei werden, weil er vor dem Gesetz mangelhaft oder schuldig ist, sondern weil das moralische Handeln sein Lebenssinn ist und darin auch eine echte Lebensseligkeit liegt. Das bedeutet: Der Sinn des Menschen und der Welt hängt nicht davon ab, wie er und die Welt sein sollen. Die Schönheitserfahrung schließt theoretische und praktische Erfahrung ein, aber läßt sich von ihnen nicht ableiten. In ihr verfügt der Mensch so frei und erkennend über sich selbst, d. h. spielerisch über die anderen und die Welt, daß er den Sinn seiner selbst und der Welt geschenkt-verfügt bekommt.«[1]

---

1 I. Raguz, Sinn für das Gott-Menschliche, 2003, 49.

Aufbau einer nicht-normativen Ethik

Zielsetzung

HERRLICHKEIT

Es ist bleibend reizvoll, eine ganze Theologie von dem Begriff »Herrlichkeit« her zu entwickeln. Das Wort »Herrlichkeit« heißt im hebräischen »Kabod« und ist dasselbe wie »Lichtglanz«. Im Griechischen heißt es »Doxa«, auch das meint »strahlenden Glanz«, »Ansehen«, »Ansehnlichkeit«, auch »Ehre«, also »Ansehen voreinander«. Dasselbe griechische Wort besitzt eine ästhetische und eine soziale Dimension.

Dieses Thema ist in der Gegenwart wichtig, einmal für die Bedeutung der Kunst im christlichen Glauben. Ästhetik und Glauben stehen hier in besonderer Diskussion.

Zum anderen ist es bedeutsam für die christliche Liturgie. Liturgie ist wesentlich eine Zeichenhandlung, nicht nur ein Gemeinschaftstreffen. Vielleicht können Überlegungen über neue Impulse aus der Liturgie auch hier ansetzen. Die Kirche des Wortes benötigt die Welt der Bilder.

Schließlich ist das Thema »Herrlichkeit« eines der Mystik, denn immer wieder geht es bei der Begegnung mit Gott um die Frage, wie man Gott selbst sehen kann. Nein, Gott selbst, die Herrlichkeit im Abglanz seiner Herrlichkeit, kann man nicht sehen. Doch der Mensch wird in der Bibel als einer gedacht, der nach Gottes Bild gemacht und in der Herrlichkeit ihm ähnlich ist. So formuliert es Paulus bei der Übernahme von Gen 1,26-28. »Doxa« nennt Paulus dies bei der Auslegung von Genesis 1. Dies besagt, derjenige, der die Herrlichkeit hat, ist jeweils der Ranghöhere. Und wenn der Mensch ein Abbild Gottes ist, hat er Teil an der Herrschaftsfunktion Gottes.

Das Thema »Herrlichkeit« ist schließlich auch ein politisches Thema, denn Politik benutzt immer wieder ästhetische Elemente, um sich zu inszenieren und sich in Geltung zu setzen. Wenn zum Beispiel der Bundespräsident seine Neujahrsansprache hält, blickt man regelmäßig auf die deutsche Fahne, die schlaff im Hintergrund hängt. Dabei ist ziemlich wichtig, wie sein Zimmer ausgestattet ist. Meistens nimmt man bei solchen Leuten eine Bücherwand, die das Zimmer garniert, um Belesenheit zu suggerieren. »Herrlichkeit« ist ein politisches Thema, weil in unserem Land durch die Medien mit hoher Kunst und verheerendem Ausgang Politik gemacht wird. Nicht erst seit gestern, bereits bei den Nazis. Ich sehe eine vielfältige Aktualität dieses Themas, inbegriffen die Spannung zwischen Herrlichkeit und Unsichtbarkeit. Das Stichwort Mystik sagt dann, daß wir es mit etwas zu tun haben, das unsichtbar ist und doch irgendwie einen Hauch von Sichtbarkeit hat, indem es zumindest ahnungsweise aufblitzt, etwa wenn man eine gotische Kathedrale betritt oder wenn man, wie das jetzt so schön geschieht, den Magdeburger Dom nächtens besichtigt. Da finden sich immer Hunderte von Leuten, die nächtlich den Dom sehen wollen. Mit Taschenlampen angestrahlte Figuren besitzen ein Stück Herrlichkeit im Kontrast zur Finsternis.

Soweit einführende Bemerkungen in diese Art von Theologie, die ich vorstellen möchte. Wenn man eine neue Theologie vorstellt, tut man das in Differenz zu anderen. Was ist also dem, wovon wir reden, besonders entgegengesetzt? Besonders entgegengesetzt dem, was ich vorhabe, ist die psychologische Richtung in der Seelsorge, denn dort geht es nicht um Gestalt, um Schönheit, um etwas, das man mit Augen sehen kann, sondern um Analyse und bestenfalls um Narration, Erzählung. Manche Art von Psychologie scheint geradezu eine antiästhetische Depressivität auszustrahlen. Die Theologie der Herrlichkeit ist auch etwas ganz anderes als Moral. Denn dort geht es um Wollen und Tun. Häufig scheint Moral durch all zu deutliche freudlose Rede von Verantwortung und letzten Endes auch durch Erbschaften aus der neuprotestantischen Sündentheologie belastet zu sein.

Um Moral geht es nicht. Es geht auch nicht um Entmythologisierung. Sie war eines der Themen in dem oben zitierten Buch von Hans Urs von Balthasar mit dem Titel »Herrlichkeit. Eine theologische Ästhetik« (1961-1969). Es war vor allen Dingen eine Auseinandersetzung mit Bultmann. Balthasar betonte hierbei, daß man den Charme der Geschichten nicht zerstören solle, indem man sie auf ein abstrak-

tes Gerippe zurückführt. Um des Himmels Willen sollten die Geschichten nicht entmythologisiert werden. Ihre Überzeugungskraft
liege gerade in dem, was sie durch den Gang der Dinge vermitteln,
durch das, was sie enthüllen und verhüllen. Zum Beispiel der Gang der Jünger nach Emmaus. Die Geschichte
dokumentiert verhüllte Herrlichkeit, und diese macht gerade ihren
Charme aus, auch wenn man die Darstellung durch Rembrandt im
Kopf hat. Die Herrlichkeit sollte man erzählen und in der Geschichte
selber das Verborgene enthüllen lassen. Es besteht daher eine enge Beziehung zur narrativen Theologie.

SEHEN

Nun haben wir schon in der Schule gelernt, und im Studium wurde
das bekräftigt, daß Schauen und Sehen etwas Griechisches sei, während das Herz und das Wollen etwas Jüdisches sei. Ich denke, von dieser Theorie muß man sich heilen lassen. Daß man dabei die Ästhetik
gegen die Ethik ausspielte, hatte einen großen Vorläufer in Søren
Kierkegaard, der sagt, die Ästhetik sei letzten Endes der Bereich dessen, der einen unberührt läßt. Man ist nur Zuschauer, im übrigen hält
man sich heraus. Dies aber meint der biblische Begriff der Herrlichkeit und das biblische Schauen gerade nicht. Denn wenn es in der
Bergpredigt heißt:»Selig, die reinen Herzen sind, denn sie werden
Gott schauen«, dann ist das nicht eine unbeteiligte Objektivierung
Gottes, sondern ein ganz und gar Ergriffensein. Gott ist nicht durch
erklärende Rede oder Abstraktion zugänglich, sondern nur durch
Schauen. Oder wenn Jesus nach dem Johannesevangelium sagt:»Wer
mich sieht, sieht den Vater« (Joh 14,9), dann geht es auch dort um
eine ästhetische Theologie. Das Sehen bedeutet hier etwas Umfassen-
des, in einem Augenblick wahrnehmen, daher die Beziehung zum Nu
der Mystik. Oder das apokryphe Jesuswort»Wer den Bruder sieht,
der sieht den Herrn«. Dort bedeutet das Sehen mehr als das Erblik-
ken, es bedeutet erkennen, sich zuwenden, sehen als Form eines sozialen Kontaktes.»Hast du den Bruder gesehen, so hast du den Herrn
gesehen«. Wir halten fest, daß Schauen und Sehen im biblischen Sinn
nicht verobjektiviert, nicht nur passiv heraushält, nicht konsumiert,
nicht Unbeteiligtsein ist. Es meint gerade eine ganz intensive Form ei-

ner Gemeinschaft, die sich aber auch entzieht, indem sie nicht so auf den Begriff zu bringen ist. Ich erinnere nur daran, wie in der Offenbarung des Johannes in Kapitel 4 der Thron Gottes beschrieben wird. Es heißt dort nur: Es saß einer darauf, aber wie der aussah, das wird nicht beschrieben. Das kann man auch nicht beschreiben, jedenfalls nicht mit Worten. Nach Jesaja 6 sieht der Prophet beispielsweise den Saum des Gewandes Gottes.

Wir haben gefragt, was dies für eine Theologie ist. Ich habe sie abgegrenzt von analysierenden, moralischen und entmythologisierenden Theologien, im Grunde genommen von allen Theologien, die darauf aus sind, Abstraktionen zu bilden. Wir teilen hier mit der narrativen Theologie die Kritik an der Abstraktion, weil alle Abstraktbildungen immer willkürlich sind.

METAPHERN, GLEICHNISSE, ZEICHEN

Als zweites fragen wir jetzt nach den hauptsächlichen Äußerungen dieser Form von Theologie. Theologie betreibt man überhaupt, indem man entweder über Gott schweigt oder in Bildern über ihn redet. Schweigen heißt apophatische Theologie, das Reden in Negationen. Gott ist weder Mensch noch die Welt, er ist alles andere, er ist unfaßbar. Das alles ist negative Theologie. Gerade von der griechisch-orthodoxen Frömmigkeit haben wir viel gelernt und auch noch viel zu lernen.

Manche Theologen meinen, daß man Theologie hauptsächlich als negative Theologie betreiben müsse. Als Neutestamentler kann ich dem nicht zustimmen. Ich finde zwar, daß negative Theologie legitim ist. Als Neutestamentler muß ich aber sagen: Es gibt die Welt der Gleichnisse, der Metaphern, der Gottesgleichnisse oder die der Bilder. Man kann Liturgie als inszenierte Handlung sehen, die sichtbar ist und mit Kunst zu tun hat. Aber auch die Sakramente und die Wunder gehören in den Bereich dieser Zeichenhandlungen hinein, in all das, was man sehen kann.

Bleiben wir einmal beim Schlichtesten. Gerade jetzt ist man dabei, die christliche Metaphorik wieder zu entdecken. Jesus als Bräutigam meint seine Beziehung zu Israel.

Oder was bedeutet der Ausdruck des Lamm Gottes eigentlich? Die

Metapher versucht, die Summe von Eindrücken, von Aussagen durch ein Bild abzukürzen. Man braucht nicht einen langen Vortrag zu halten, sondern sagt einfach »Lamm Gottes«. Die Menschen damals haben das verstanden. »Lamm Gottes« meint »unschuldig« und im Sinn der apokalyptischen Bilderwelt das unschuldigste Tier schlechthin, weil die Lämmer eben weiß sind.

»Bräutigam« meint verschiedene Elemente: die exklusive Beziehung zu Israel, Treue, Werben um die Braut. Dann auch das der Schönheit der Braut. Wie wird die Braut dieses Bräutigams schön? Vom Bräutigam selber wird auch gesagt, daß er schön sei. In Gleichnissen wird der Bräutigam sogar geziert durch die Begleitung der zehn Jungfrauen. Es sind keine Brautjungfern, sondern Bräutigamjungfern, die dazu herhalten sollen, den Bräutigam attraktiver zu machen. Nach dem Motto: Wenn er zehn attraktive Freundinnen hat, wird er wohl doch kein Langweiler sein. Mit der metaphorischen Christologie im Gleichnis der Jungfrauen (Mt 25,1-10) haben wir die Überleitung zu den Gleichnissen gefunden.

Die biblischen Gleichnisse sind Bilder, die man erzählen kann. Das 19. Jahrhundert stellte die Gleichnisse, besonders das vom verlorenen Sohn, gegen die sterile Dogmatik. Dieses Ausspielen von Abstraktion gegen das Bild ist aber eine Richtung in der liberalen Theologie des 19. Jahrhunderts. Man hat daher gemeint, daß die Gleichnisse auf jeden Fall echt seien. Ich denke, man kann dies auf jeden Fall nicht sagen. Daß sie schön sind und Jesus ein großer Gleichniserzähler bleibt, ist ganz unbestritten.

Es gibt Gleichnisse, die Jesus mit anderen Gleichnissen der Weltreligionen verbinden. Ich habe Gleichnisse der Weltreligionen, etwa tausend Gleichnisse aus allen Religionen herausgegeben (»Gleichnisse des Lebens«, 2002). Interessant sind Gleichnisse, die das Ästhetische selber zum Gleichnisinhalt machen. So gibt es zahlreiche Gleichnisse vom Färben, vom Einfärben, was man heute gar nicht mehr tut. Selbst das Brautkleid wird heute nicht mehr eingefärbt, um auch für spätere Zwecke zu dienen. Beim Färben geht es um eine Verwandlung dessen, was zunächst bunt ist, in eine farblose Weißheit. Das ist dann ein Bild für die Taufe. Oder es wird erzählt, was der Färber tut, wenn er eine neue Farbe hineinbringt. Färbergleichnisse gibt es auch für die Kirche, die aus verschiedenen Stücken zu einer geworden ist. Viele Gleichnisse vom Färben haben das Bild selbst zum Inhalt.

In einer Linie kann ich die Zeichenhandlungen der Propheten und der christlichen Liturgie sehen. Denn es geht eigentlich gemeinsam darum, daß ein Beauftragter eine Zeichenhandlung vorführt, die zum Beispiel meint »So ist Gott, das ist Gott«. Wenn zum Abendmahl eingeladen wird, soll dies heißen »Gott lädt Euch ein«. Oder wenn der Prophet Hosea den Auftrag bekommt, eine Dirne zu heiraten, dann soll das heißen, Gott hat Israel, ein treuloses Volk, zur Frau. Also wurde hier die Situation Gottes nachgespielt in dem, was der Prophet tut. Oder wenn man die Hostie, die Oblate, wie das in Norddeutschland beim Abendmahl üblich ist, vors Mikrofon hält, dann muß es richtig knacken, da sind die Leute zufrieden. Man macht dann Jesus richtig nach. Jesus dankte und brach es, und er gab es seinen Jüngern. Das Brechen des Brotes wird hier also nachgemacht. Die Liturgie spielt Christus. Liturgie ist ein Nachspielen Jesu Christi, ein Nachspielen Gottes.

Und weil das so ist, wird schon der alttestamentliche Tempeldienst mit der Herrlichkeit Gottes verknüpft. Herrlichkeit dient als zusammenfassender Begriff dafür, was man im Tempel wahrnimmt. Dasselbe kennen wir besonders ausgeprägt vom himmlischen Gottesdienst in der Offenbarung des Johannes. Dort gibt es die 24 Ältesten, die vier lebenden Wesen um den Thron herum, bei dem alle »Heilig, heilig, heilig« singen. Die irdische Gemeinde ist mit der feiernden im Himmel verbunden. So wird der irdische Gottesdienst ein Stück Anteil erlangen an der himmlischen Liturgie, indem man dieselben Gesänge singt und sich in dieses biblische Geschehen hineinsingt. Es gibt also in gut biblischer Tradition für die Gegenwart Gottes im Kult keine starren Bilder und auch keine Ablehnung von Sichtbarkeit, sondern diese lebendige Inszenierung. In diesem Zusammenhang sind liturgische Handlungen als diejenigen, die ästhetisch an der Herrlichkeit Gottes teilhaben, wichtig, weil sie zwei Extreme vermeiden, nämlich die absolute Bildlosigkeit und die reine Abstraktion. Das hat es immer wieder gegeben, den Ikonoklasmus, die Ablehnung des Bildes. Die Herrlichkeit Gottes verbietet auch die starre Abbildung in der christlichen Kunst, die als solche wohl spätestens mit dem späten Mittelalter zu Ende gegangen ist.

Mancher möchte verbieten, überhaupt von christlicher Kunst der Gegenwart zu reden, weil es das Merkmal der christlichen Kunst in der Antike und im Mittelalter gewesen ist, den Himmel auf Erden abzubilden. Da hatte man keine Scheu davor, die Dreifaltigkeit auf dem Gnadenstuhl abzubilden, der Vater sitzt da und hält das Kreuz auf den Knien. Der heilige Geist wandert darüber. Oder die Krönung Mariens. Diese christliche Kunst ist spätestens mit den Nazarenern des vorletzten Jahrhunderts zu Ende gegangen. Sie war noch ein Nachtrag, und seitdem wagt man es gar nicht mehr, den Himmel darzustellen. Es gibt keine als solche stilistisch erkennbare fromme Kunst mehr. Eine bestimmte Epoche kann man so nennen, weil sie ausdrücklich intendierte, das »wie im Himmel, so auf Erden« mit bestimmten Mitteln umzusetzen. Aber dieses hat man doch aufgegeben. Die Kruzifixe der Gegenwart zeigen nur einen gnadenlosen Realismus.

Soweit also dieses andere Extrem. Christliche Kunst ist daher wohl nicht mehr möglich in diesem alten Sinn, und Ikonoklasmus ist zu wenig. Aber liturgische Handlungen kann man schauen und sehen.

Die Wunder nehme ich zu diesen Zeichenhandlungen hinzu. Die neutestamentlichen Wunder sind doch nicht wirklich eine Verbesserung der Lage der Menschheit. Denn die wenigen Geheilten in Palästina ändern ja doch nicht unsere Zeit oder die Welt im Ganzen. Aber sie haben die Funktion, innerhalb des Evangeliums etwas real anzukündigen von dem, was künftige Herrlichkeit ist. Interessant ist, daß sie im Johannesevangelium als Erweise der Herrlichkeit Jesu gelten. Da geht es nicht um eine Verbesserung der Menschheit, sondern um Äußerung dessen, was Gott mit den Menschen vorhat. Was ist denn schöner, wenn Wunder so Offenbarung von Herrlichkeit sind?

Und schließlich sind die Sakramente, die Taufe und das Abendmahl, Zeichenhandlungen. Es ist ganz klar, daß es hier um Handlungen geht, die auch schön sein sollen. Jede Taufe macht das ja deutlich. Da gibt es Blumen, Kerzen und ein Taufkleid. Nur scheint mir die Ästhetik der Taufe ziemlich heruntergekommen zu sein, weil das mit dem Taufkleid ja gar nicht stimmt. Eigentlich müßte das Kind nackt sein und ein Taufkleid bekommen als Symbol des neuen Leibes. Und dann ist die Architektonik unserer Kirchen gar nicht auf die Taufe ausgerichtet. Es gibt viele moderne Kirchen, in denen es nur eine Schüssel in der Sakristei und keinen Taufbrunnen mehr gibt.

In alten Kirchen ist das Taufbecken der Mittelpunkt. Ein Becken, in das die Leute wirklich hineinstiegen und das schöne Säulen rahmten. Ich fasse diesen Punkt zusammen. Wir haben uns umgeschaut, wo es in der Bibel und in der Theologie Dinge gibt, die ästhetisch besonders ausgerichtet und die in der Bibel mit dem Attribut Herrlichkeit verbunden sind. Wir haben gesehen, daß es das in den Gleichnissen, bei den Zeichenhandlungen der Propheten, in den Sakramenten und bei den Wundern und Gottesdiensten unterschiedlich gibt. Wunder und Liturgie werden ausdrücklich Doxa, Herrlichkeit, genannt.

ANTHROPOLOGIE

Der dritte Komplex beschäftigt sich mit der Frage des Menschenbildes, das im Hintergrund steht. Denn wenn man Theologie betreibt, muß man auch etwas über den Menschen sagen. Da kann man grundsätzlich sagen, daß das alttestamentliche Menschenbild sinnlich und sozial ist. Der Mensch wird auch nicht als ein Vernunftwesen definiert, das seine Freiheit und Verantwortlichkeit gebrauchen kann. Der Mensch ist Kind seiner Familie. Er definiert sich dadurch, daß er eine bestimmte soziale Rolle wahrnimmt. So wird »Person« in der Bibel verstanden und viel mehr von außen gesehen als bei uns. Wer eine soziale Rolle übernimmt, wer im Kreise seiner Familie da ist, auch im Kreise des Gottesvolkes, der ist Person. Das hat für den Begriff Herrlichkeit zur Folge, daß er nicht ein Innenleben beschreibt. Derjenige, der Anteil an der Herrlichkeit hat, wie etwa der auferstandene Christus, von dem wird nicht gesagt, daß er selig sei, es haben merkwürdigerweise nur die anderen etwas davon, daß einer herrlich ist in ihrer Mitte. Das unterscheidet sich von der griechischen Auffassung. Bei Homer sind die Götter selig, sie bekommen Nektar und Ambrosia und leben auf grünen Wiesen ein fröhliches Leben. So heißt es von Gott nie in der Bibel. Nicht er ist selig, sondern umgekehrt. Wenn wir ihn anschauen, werden wir selig. Und das ist etwas ganz Fundamentales, daß die Doxa, die Herrlichkeit, denjenigen, der sie hat, nicht wirklich glücklicher macht, sondern die anderen, die selber diesen anschauen, die ihn feiern. Und man selbst hat nur dies davon, daß man in seinem sozialen Rang bestätigt ist, aber nicht mehr. Das kann nur durch die anderen geschehen.

Der schöne Mensch hat nichts von seiner Schönheit. Er wird bestätigt, aber erst durch die Reaktion anderer, weil man das eigene Schönsein ja in einer Welt, in der die Spiegel nicht häufig waren, gar nicht wahrnehmen konnte. Herrlichkeit und Seligkeit sind in der Bibel eng an die Gemeinschaft gebunden. Denn wir sagen: Wir schauen Gott und werden dadurch selig. Dann schauen wir Gottes Herrlichkeit, und im Anschauen der Herrlichkeit haben wir Anteil daran und sind glücklich. So wie ein Mann glücklich ist, der – jetzt rede ich einmal von mir – dauerhaft in Gesellschaft einer charmanten Frau lebt. Dann hat die Frau selbst gewissermaßen nichts von ihrer eigenen Schönheit und ihrem eigenen Charme. Aber dem Betrachter erleichtert es die Kommunikation, wenn jemand charmant ist und er oder beide Gemeinschaft wagen. Deshalb ist der Begriff Herrlichkeit etwas kompliziert. Herrlichkeit ist nicht einfach ein Attribut von jemand, denn sie hat kein Innenleben. Es ist ein sozialer Begriff, kommunitär in der Struktur, ähnlich etwa wie der Begriff der Gerechtigkeit in der Bibel auch.

Denn Gerechtsein heißt, einem anderen die Möglichkeit zum Zusammenleben zu geben. Das ist mit der Herrlichkeit genauso. Indem wir Gott anschauen, werden wir selig. Das mittelalterliche Gebet des Thomas von Aquin »Hier bete ich auf den Knien, verborgener Gott, dich an«, endet so, »visu sim beatus tuae gloriae«, »daß ich selig bin durch das Anschauen Deiner Herrlichkeit«. Wenn man die Herrlichkeit Gottes anschaut, wird man selbst selig. So wie man zum Beispiel eine gotische Kathedrale als Tourist besucht und selig ist, wenn man sie anschauen und wenn man dies öfter tun darf. Herrlichkeit hat eine kommunikative Struktur.

Ferner gehört zum Menschenbild der Theologie der Herrlichkeit, daß der Mensch sich äußern muß. Daß man im Miteinander einen Menschen gar nicht greifen kann, außer, wenn er sich äußert. Durch seine Taten, durch sein Verhalten, durch seine Worte oder durch seine Schönheit, seinen Charme. Nehmen wir einmal das Wort »Charme«, das ja auch etwas von Charisma, also einer Gabe für die anderen, an sich hat. Aber in jedem Falle ist das leibliche Zeichen sichtbar für etwas, das sich enthüllt. Wer jemand ist, sieht man an dem, was er von sich gibt, was er ausstrahlt, was er tut, was er sagt, aber es muß aus ihm heraus. Das bedeutet also die Dimension des Leiblichen und Sichtbaren.

Und daher gibt es von hier aus eine besondere biblische Definition von Schönheit, wenn die Wunder Jesu als Beweis seiner Herrlichkeit angesehen werden. Also heißt es beim Wunder Jesu, bei der Hochzeit von Kana (Joh 2,11): »Dies war das erste Mal, daß Jesus seine Herrlichkeit zeigte vor den Jüngern«. Oder bei der Auferweckung des Lazarus, bei dem letzten Wunder in der Öffentlichkeit: »Diese Krankheit ist zum Erweis der Herrlichkeit Gottes da«. Was ist daran herrlich? »Herrlich« definiert sich offenbar in der Bibel nach dem, was einen anderen im Ganzen und auf Dauer heilen kann. Wenn einer herrlich ist, dann wäre das etwas, das andere Menschen im Ganzen und auf Dauer heilen, gesund machen, resozialisieren, bestätigen kann. Ich habe das Wort »heilen« jetzt nicht nur im medizinischen Sinn, sondern ganz umfassend verwendet.

Wir gehen davon aus, daß sich der Mensch äußern kann, das ist hier wichtig. Seine Äußerung wird genommen und ist bedeutsam für die anderen. Die Wunder werden als Beweis der Herrlichkeit genommen. Und Herrlichkeit ist hier nicht der Lichtglanz, sondern das, was die anderen empfangen können, umfassend heilt, und zwar sozial und leiblich.

Der Gegensatz zu Herrlichkeit ist hier auf jeden Fall nicht Häßlichkeit – es gibt gar kein biblisches Wort für Häßlichkeit –, sondern der Gegensatz ist erstens Mangel an Herrlichkeit, Verlust an Herrlichkeit. Dafür ist Röm 3,23 interessant. Dort sagt Paulus: »Wir haben überhaupt keine Herrlichkeit, denn wir sind Sünder.« Keine Herrlichkeit haben heißt ein Sünder zu sein. Die Sünde ist das einzige Häßliche, weil sie, wie wir es ahnen können, Verfall, Tod und Korruption der Gemeinschaft ist. Wenn Herrlichkeit ganz stark gemeinschaftsbezogen ist, ist Sünde Mangel an Herrlichkeit, weil der Sünder ein Egoist ist. Und das Zweite wird dann ebenfalls klar, wenn man von diesem Gemeinschaftsbezug der Herrlichkeit ausgeht. Das Gegenteil von Herrlichkeit ist Verachtung und Geringschätzung. Das betrifft insbesondere den Gekreuzigten, denn Kreuzigung ist die schändlichste Strafe. Der Gekreuzigte ist der Verachtete. Bei Paulus ein wichtiger Gegensatz, weil Jesus am Kreuz verachtet wurde wie kein anderer. Die Auferstehung rehabilitiert ihn, deshalb geht es hier um die Erbfolge von Kreuzestod und Herrlichkeit. Man konnte den Gekreuzigten verachten und geringschätzen und dieses wird geheilt durch die Herrlichkeit des Auferstandenen.

Drittens ist der Herrlichkeit das Leiden entgegengesetzt. Immer wieder haben wir im Neuen Testament den Kontrast von Leiden und Herrlichkeit. Es geht hier nicht um die Schmerzen, sondern um das Leiden unter der Bosheit der anderen. Und weil Herrlichkeit dem entgegengesetzt ist, sind die anderen nicht aggressiv, sondern die Bewunderer, die mit einem zusammen glücklich sind.

Und schließlich sind viertens Finsternis und Schatten der Herrlichkeit entgegengesetzt. Das ist klar, weil Finsternis ein Abbild der Nacht und Schatten ist und Herrlichkeit zum Tage und zum Licht der Sonne gehört. Finsternis und Schatten bedeutet, daß man nicht leben kann. Und Herrlichkeit ist ein Raum zum Leben, also nicht nur ästhetisch, sondern ganz umfassend wird hier der Zusammenhang von Verachtung und Opfersein, Sündersein und Draußenstehen deutlich. Eigentlich ist Herrlichkeit, so wie wir dies hier jetzt erkennen können, dasselbe wie Akzeptiertsein bei den anderen, in der Geltung stehen, die für alle miteinander förderlich ist. So daß die richtige Ordnung sozusagen besteht, wenn derjenige, dem Ehre gebührt, auch Ehre bekommt – dann würde das Herrlichkeit im Sinn der Bibel heißen.

ÄSTHETIK DES GOTTESVOLKES

Es geht also nicht nur um Ästhetik, sondern auch um etwas Soziales. Und deshalb kann man sagen, daß es bei der Herrlichkeit in erster Linie um einen ästhetischen und sozialen Begriff und daher einen Zusammenhang von Akzeptiertsein und Schönheit geht. Schönheit wäre das Ästhetische, aber hinzu kommt Akzeptiertsein, das gehört dazu. Anders formuliert: Wen man als Autorität verehrt, der ist schön, per se. Und in diesem Sinn sind Äußerungen etwa der Liturgie über Maria zu verstehen: »tota pulchra es Maria«, »Ganz schön bist du, Maria« oder »Wunderschöne prächtige, hohe mächtige« im Marienlied. Auch da geht es nicht um isolierte Schönheitsaussagen, sondern eigentlich um Verehrung und Akzeptanz. Also nicht um Schönheit an sich; es besteht keine Konkurrenz zu Filmstars, sondern ein Zusammenhang von Schönheit und Geliebtsein. Schönheit ist kein Wert an sich, sondern eine Chance, die Kommunikation leicht macht und sie provoziert. Und weil das so ist, spielen drei Elemente hier eine Rolle, einmal, daß Gottes Volk Gegenstand der Verherrlichung ist. Gottes Volk ist schön. Wenn es denn nicht mehr Opfer von Antisemitismus ist. Und man weiß aus der Geschichte Israels, daß Israel immer Opfer von Haß gewesen ist. Wenn Gottes Volk verherrlicht und wenn es einmal akzeptiert wird, wäre das wie Befreiung und Erlösung. Genau das ist die Hoffnung im Neuen Testament an drei wichtigen Stellen. Im Lied des Simeon, der das Christkind auf den Arm nimmt und sagt: »Meine Augen haben dein Heil geschaut.« Dann kommt die Definition dieses Heils, nämlich Licht für die Völker und Herrlichkeit für Israel. Jesus ist Herrlichkeit für Israel, obwohl er doch nicht golden glänzt. Aber so ist Herrlichkeit, weil dann, wenn der Messias da ist, Israel die ihm zukommende Position erhält. Endlich nicht der Letzte zu sein, sondern Träger der Herrlichkeit Gottes. Und ganz ähnlich das Bild Apk 12: Ein Zeichen erscheint am Himmel, eine Frau, bekränzt mit der Sonne, der Mond zu ihren Füßen, um ihr Haupt einen Kranz von zwölf Sternen. Diese sind übrigens die zwölf Sterne Europas geworden. Die Frau nach Apk 12 ist das Gottesvolk. Es gibt dann den Messias, denn sie ist schwanger, und sie ist über alle Maßen herrlich. Diese Herrlichkeit übertrifft noch Sonne, Mond und Sterne. Wenn Gottes Volk mit der Sonne bekleidet ist, der Mond zu seinen Füßen und die Sterne um sein Haupt sind, dann heißt es, es ist so herrlich wie eine Frau, die man durch eine goldene Brosche oder durch Diamanten. Man schenkt wohl einer Frau Schmuckstücke, um zu sagen: Das stellt deine Schönheit erst richtig heraus. Du bist noch viel schöner als dieses. Und genau dies ist der Sinn der Attribute in Apk 12. Die Frau als Trägerin der Herrlichkeit ist das Israel der Endzeit, das den Messias hervorbringt. Daß wir hier auf der richtigen Spur sind, sagt Paulus in Röm 9, 4. Dort zählt er die bleibenden Attribute Israels auf und sagt, Israel gebührt der Gottesdienst, die Kindschaft; Israel ist Gottes Kind im Ganzen und die Herrlichkeit. Aber die Herrlichkeit auch, damit meint Paulus offenbar die Herrlichkeit von Sinai, die ja an Moses' Antlitz sichtbar war. Und die Herrlichkeit im Kult, im Tempel, die dort wohnt. Am Ende ist Gottes Volk durch Herrlichkeit gekrönt. Jesus soll dieses Volk mit Herrlichkeit krönen.

Das zweite Stichwort: die Rehabilitierung, die Rehabilitierung des Märtyrers nach der schändlichen Hinrichtung. Zweimal wird in Luk 24 gesagt: Jesus mußte so eingehen in seine Herrlichkeit. Das Dritte ist der Zusammenhang von Schönheit, Herrlichkeit und Aufhebung der Vereinzelung. Sünde bedeutet Vereinzelung, Absonderung und Einsamkeit. Und Herrlichkeit ist genau das Gegenteil. Deshalb kann man sagen, plötzlich bedeutet Herrlichkeit und Verklärung auch Frieden, weil sie die Achtung voreinander sicherstellt. Denn darin besteht immer Unfrieden, daß man Leute verachtet oder daß Leute nicht zur Geltung kommen können oder daß Leute sich verachtet fühlen. Wenn man das heute sagt, denkt man an die ganze arabische Welt, die sich nicht erst heute, sondern seit Jahrzehnten mißachtet fühlt. Durch die Skandale der Mißhandlungen im Irak wird das noch bestätigt. Daß hier die Mißachtung die Wurzel von Unfrieden ist, von Haß, und daß sie immer weiter getrieben wird von der Seite dessen, der verachtet. Das ist das Hauptproblem, und das macht uns hier das Wort »doxa« in seiner theologischen Bedeutung sichtbar. Das Ansehen voreinander ist auch eine Sache von Völkern. Wenn dieses nicht in hinreichender Weise geschieht, ist es immer ein Anlaß für einen Krieg gewesen. Das Minderwertigkeitsgefühl, das man erzeugt, national oder für eine ganze Kultur, ist das eigentliche Problem im Sinne unserer Theologie der Herrlichkeit.

Und schließlich: Was bedeutet diese Theologie für das Gottesbild, für die Rede von Gott? Zunächst kann man sagen, die Schöpfung ist schön. Das sagt Jesus in der berühmten Stelle der Bergpredigt: »Was sorgt ihr euch um eure Kleidung, denkt doch daran, wie die Lilien im Garten blühen. Sie wissen nichts von Spinnrädern und Webstühlen, doch ich kann euch versichern, selbst Salomon in all seiner Pracht war nicht so herrlich gekleidet wie eine von ihnen. Gott hat die Feldblumen und die Gräser, die heute da sind und morgen verbrannt werden, so prächtig gekleidet, und wieviel mehr wird er sich um Euch kümmern.« Ihr solltet mehr Vertrauen wagen. Das heißt, die Schöpfung ist schön, und sie ist darin Ausdruck der Zuwendung und Fürsorge Gottes. Die Schönheit der Schöpfung ist ein Stück Paradies, das erhalten geblieben ist, insofern wir es nicht zerstört haben.

Das Judentum nennt diese Schönheit der Schöpfung Folge der Anwesenheit Gottes durch die »Shechina« Gottes. »Kabod« ist kultisch auf den Tempel bezogen, meint auch das verklärte Angesicht Moses, das das Angesicht Gottes widerspiegelt. Aber in der Schöpfung spricht man von Shechina, der Innenarchitektin Gottes. Shechina ist das, was Glanz und Ordnung verleiht. So kann man sehen, daß die Shechina das rabbinische Äquivalent zum griechischen Wort »Kosmos« ist. Bei den Griechen bedeutet das Wort »Kosmos« nicht nur die Welt, sondern auch Schmuck, Schönheit und Ordnung. Von daher kann man auch das Mittelalter in seinem Ordnungsdenken verstehen. Die Schöpfung ist schön als Ordnung, und die ganze mittelalterliche Ordnung, die sich in einer Kathedrale spiegelt, kann man daher mit Schönheit in Verbindung bringen. Nun ist die Ordnung selbst nicht schön. Schönheit ist der Glanz der Ordnung – das ist Herrlichkeit, das ist das, was über die bloße Ordentlichkeit hinausgeht. Ordnung kann langweilig sein, doch Glanz fasziniert, Glanz bleibt nicht für sich, Glanz hat einen anderen Adressaten, hier also auch wieder eine »soziale« Struktur. So wie Menschen sich in Werken äußern, so geht auch Gott aus sich heraus durch das Wort der Offenbarung, durch Visionen und letzten Endes dadurch, daß wir eingeladen werden, Gott zu schauen, daß also dies das Ziel ist.

Offenbarung geschieht durch sichtbare Zeichen, Wort und Vision. Ich erinnere an die Bedeutung der Taufe, an Jesu Taufvision und Verklärung, die Auferstehungsvisionen im Neuen Testament und die Vision in Apk 21, wo es um Jerusalem geht. Gerade diese Weise Gottes, sich in sichtbaren und hörbaren Zeichen zu äußern, wird durch die christliche Kunst unterstützt. Etwa die Radleuchter, die das himmlische Jerusalem abbilden.

Die bunte Schönheit des himmlischen Jerusalem hat die Erbauer der romanischen Dome schon immer begeistert: »Die Stadtmauer ist aus Jaspis erbaut, die Stadt selbst aus glasreinem Gold. (19) Die Fundamente der Stadtmauer sind von großer Schönheit, denn sie bestehen aus verschiedenfarbenen Edelsteinen. Das erste Fundament ist aus grünlichem Jaspis, das zweite aus blauem Saphir, das dritte aus rotem Chalzedon, das vierte aus hellgrünem Smaragd, (20) das fünfte aus rotbraunem Sardonyx, das sechste aus gelbrotem Carneol, das siebte aus goldgelbem Chrysolit, das achte aus meergrünem Beryll, das neunte aus gelbglänzendem Topas, das zehnte aus goldgrün schimmerndem Chrysopras, das elfte aus dunkelrotem Hyazinth, das

zwölfte aus purpurnem Amethyst. (21) Die zwölf Tortürme sind
zwölf Perlen, jeder Torturm besteht aus einer einzigen Perle, und die
Hauptstraße der Stadt ist aus glasreinem Gold. (Offenbarung Johannis 21,18-21,1. Übers. Berger/Nord)

LICHT

Für den Seher Johannes ist die vielfarbige Pracht der neuen Stadt ein
Zeichen für die Gegenwart Gottes in ihr. Denn vielgestaltig, bunt,
farbenfroh, von glänzender Schönheit ausgezeichnet zu sein, ist
Merkmal der Tempel und göttlicher Präsenz. Da ist nichts zweideutig-schmutzig, zwielichtig oder zerstört. Die fröhliche Vielfalt in der
Einheit ist göttlich. So wird auch Gottes Repräsentantin, die Weisheit, in Eph 3 als »bunt« bezeichnet. Denn wie sollte Gott durch eine
einzige Farbe erfaßbar sein? Nur in seiner Vielfalt kann das Licht, das
das Auge wahrnimmt, das eine göttliche Licht darstellen.

Der Maßstab neutestamentlich-apokalyptischer Schönheit ist daher genau die Vielheit in der Einheit des Lichts. Das Thema ist die
Einheit und Einzigkeit Gottes. Im Unterschied zur neuzeitlichen
Wahrnehmung geht es nicht um den Kontrast von Schönheit und
Häßlichkeit oder den von Kunst und Kitsch oder den von Eleganz
und Plumpheit. In einer Religion, in der alles daran liegt, daß Gott
selbst unfaßbar ist, aber eine unsagbare und unauslotbare Herrlichkeit ausstrahlt, werden die sprachlichen Bilder sorgfältig bedacht.
Die Schilderungen der Visionen führen an die Erfahrungen der auserwählten Zeugen heran. – Weil es sich um so und nicht anders gemachte Erfahrungen handelt, verbietet sich der Schritt in die Abstraktion. Es geht nicht »eigentlich« um etwas, das im Wort angemessen
mitteilbar wäre. Sondern Gottes überwältigender Lichtglanz ist die
Art, in der er, in Buntheit aufgespalten, für die Kreatur faßbar wird.
Wer an dieser Herrlichkeit teilhat, ist ohne Störung mit Gott, mit den
anderen und sich selbst eins.

Wenn eine gekrönte Muttergottes in der Apsis einer romanischen
Kirche abgebildet ist, so kann die Gemeinde schauen, was Gott mit
dem begnadeten Menschen vorhat. Ein Zeichen kirchlicher Kunst
unterstützt in diesem Falle die Vision. Sich in dieses Bild des gekrönten Menschen hineinzuvertiefen, das braucht unsere Gegenwart wohl

nötig. Daß wir den Menschen, die über Euthanasie und Gentechnik diskutieren, daß wir die Menschen, die mißhandelt werden im Irak, die sich hier alle mißhandelt fühlen, unendlich gedemütigt als Arbeitslose, Langzeitarbeitslose, etwas sagen von der Würde des Menschen, von dem, der den Menschen die Würde verliehen hat und dafür mit Herrlichkeit einstehen wird. Deshalb also ist hier der Sinn einer solchen Vision das, was wir uns von den Politikern immer erwarten. Wir erwarten keine Leitlinien und keine Leitkultur, sondern das Christentum hat ganz andere Chancen, nämlich den begnadeten Menschen vorzustellen.

GRENZÜBERWINDUNG

Gehen wir noch einen letzten Schritt weiter: Was ist eigentlich das Neue am neutestamentlichen Gottesbild, und was führt über das Alte Testament hinaus? Ich denke, es ist an diesem Punkt gerade dieses: Im Alten Testament kennen wir Gott als den Schöpfer und den Gesetzgeber und als jenen, der den Menschen Erbarmen schenkt. Der Schöpfer, der die Schöpfung in Herrlichkeit gemacht hat, der Gesetzgeber, der nach Anschauung der Juden die vollkommene Thora geliefert hat, weil er zugleich der Schöpfer ist und der erbarmende Gott, der den Menschen hilft und sie befreit, nicht der gnadenlose Richter, sondern der erbarmende Gott. Aber was im Christentum neu ist, hängt zusammen mit unserem Thema. Gott hebt die trennenden Grenzen zu sich überhaupt auf. Das heißt, er ist nicht geizig und teilt den Menschen seine Herrlichkeit mit. Paulus nennt das im zweiten Korintherbrief (3,18) so, »wir werden verherrlicht«, wir sind schon verherrlicht worden, wir wachsen von Herrlichkeit zu Herrlichkeit. Gott ist nicht geizig, Gott hat es nicht nötig, ängstlich zu sein und gegen den Monotheismus zu verstoßen, sondern er sagt: Ich mache euch alle zu meinen Kindern. Gott hebt die trennenden Grenzen zu sich auf, denn wenn er Gottes Kinder schafft, erfüllt er Menschen mit seiner Herrlichkeit, so daß Paulus vor einer Gemeinde von Christen sagen kann: »Da kann der Ungläubige in die Knie sinken und sagen, hier ist wahrlich Gott gegenwärtig.« Wie kann man das deuten?

Gibt es ein Bild dafür, wenn Gott die trennenden Grenzen zu sich aufhebt?

Vielleicht hilft das Bild der Bluttransfusion. Bluttransfusion heißt nämlich, daß ich am Lebenssaft des anderen teilhabe. Was Gott mit den Menschen macht im Neuen Testament, in der Gabe des Heiligen Geistes insbesondere, ist Bluttransfusion. Menschen haben Teil an Gottes Lebenssaft, und dies ist der Heilige Geist. Gott hat keine Scheu, Menschen seinen Anteil zu geben an seiner Herrlichkeit. Und damit hat im Neuen Testament Gottes Wirken eine ganz neue Richtung bekommen, nämlich diese, aus sich heraus den Menschen entgegenzugehen. Im Alten Testament ist er der König, der die Welt gemacht hat, der Menschen befreien kann. Im Neuen Testament gibt es diese Richtung des Procedere, also des Herausgehens, man kennt es vom Heiligen Geist, »qui ex patre filioque procedit«, »der aus dem Vater und dem Sohn hervorgeht«. Der Heilige Geist kommt aus Gott heraus, und vom Sohn gilt: »genitum non factum«, der Sohn ist gezeugt, er ist in die Welt gesetzt von Gott. Gott geht aus sich heraus den Menschen entgegen. Dies ist die Gesamtrichtung, daß Gott nicht mehr der regierende Monarch ist, sondern daß er den Menschen entgegengeht, nicht die Menschen in sich hineinzieht, sondern seine Herrlichkeit verteilt. Wie Kamellen beim Faschingsumzug, so verteilt Gott seine Herrlichkeit. Diese Richtung: Hervorkommen, Gebären, in die Welt setzen ist genau das, was man im gelungenen Falle Gottes Herrlichkeit nennt.

Kommen wir wieder auf Gen 1 zurück: Der Mensch ist geschaffen nach Gottes Bild. Das Bild bleibt, die Ähnlichkeit ist verlorengegangen, die Ähnlichkeit muß wieder hergestellt werden; und so haben Menschen Anteil an Gottes Herrlichkeit. Anteilhabe und Teilhabe, weil es eben um den Raum des Lebens geht und Verwandlung, weil hier das Alte verschlungen wird. Deswegen besteht das Neue letztlich in einem Prozeß der Verähnlichung. Paulus sagt dazu in 2. Kor 3, 18 »von Herrlichkeit zu Herrlichkeit«.

Wir begreifen jetzt besser, was das bedeutet, nämlich etwas, das gar nicht sichtbar anfängt. Vielleicht ist es nur hörbar, vielleicht nur in einer Zeichenhandlung namens Taufe auch sichtbar, vielleicht; bei Paulus gab es das noch öfters, in einem Wunder, das zeichenhaft anfängt, aber dann das Ziel hat, die ganze Welt von der Vergänglichkeit zu erlösen. Also ein ziemlich unbescheidenes Ziel, daß die Welt erfüllt wird mit Gottes Herrlichkeit.

Die biblische Rede von der Herrlichkeit lebt aus der Spannung von
Sichtbarkeit und Unsichtbarkeit. Das meiste ist noch unsichtbar. Das
gilt auch für die Märtyrer und ihre Verachtung. Wenn 1. Petr 4,15 besagt, »der Geist der Herrlichkeit ist schon bei den Märtyrern«, meint
er genau diese Spannung, den Geist der Herrlichkeit, »pneuma tes do-
xes« von Leidenden und Verherrlichten. Deshalb entfaltet Jesus seine
unsichtbare Identität, das, was er ist, Sohn Gottes, in dem er in den
Wundern seine Herrlichkeit erkennen läßt. Eben das, was schließlich
die Verherrlichung der ganzen Schöpfung zum Ziel hat. Wir haben
gesehen, daß hier immer wieder das Prozeßdenken eine Rolle spielt,
also der Vorgang, nichts Statisches. Gott geht aus sich heraus, um
letzten Endes die Welt mit sich zu erfüllen. Und das niemals auf Kosten der Menschen, niemals als Pantheismus, sondern immer so, indem jeder die Ehre erlangt, die ihm zukommt. Dies ist die Basis des
sozialen Friedens.

Diesen Ansatz werden wir nun in einzelnen Schritten entfalten.

Grundlagen

HERRLICHKEIT THEOLOGISCH UND SOZIAL

Einen wichtigen Beitrag für unsere Frage nach dem Verhältnis von
Ethik und Ästhetik kann das biblische Menschenbild liefern. Die besondere Weise des biblischen Denkens deckt hier Zusammenhänge
auf, die im Rahmen westlicher Kultur verborgen bleiben. Die Art, in
der man Elemente der Wirklichkeit zueinander gruppiert, unterscheidet sich markant von unserer, bringt aber einfach Wahrheiten ans
Licht.

Es geht hier nicht um Glaubensinhalte, sondern um den Modell-
charakter einer biblischen Auffassung von Wirklichkeit, von der wir
möglicherweise Wichtiges lernen können.

Denn das Thema, das uns hier bewegt, die ästhetische Begründung
einer Ethik (und umgekehrt), hat einen biblischen Vorlauf: Ehre,
Glanz, Ansehen und Herrlichkeit werden zur Zeit des Neuen Testaments im Judentum mit demselben Begriff benannt. Das Ästhetische
und das Soziale sind zwei Seiten desselben. So wird zum Beispiel der

Märtyrer, der als sozial Fremder, als Frevler und Verbrecher hingerichtet und ausgestoßen wird, mit Glanz und Herrlichkeit ästhetisch rehabilitiert. Und aus demselben Grund wird z. b. in der Karfreitagsliturgie das Kreuz, Realsymbol eines unehrenhaften, schändlichen Todes, mit Kniebeuge geehrt, und so wird die soziale Schande durch die Ästhetik der Liturgie aufgehoben.

DAS WORT DOXA HAT EINEN NEUEN INHALT BEKOMMEN

Wir sprachen über das judengriechische und neutestamentliche Wort »doxa« und das entsprechende hebräische Wort »kabod«. Im klassischen Griechisch heißt »doxa« soviel wie »Meinung«, »ungeprüfte Auffassung«, »oberflächliche Überzeugung«. – Im Zuge der Übersetzung der hebräischen Bibel ins Griechische erhielt das griechische Wort »doxa« nun bei Griechisch sprechenden Juden und Christen wegen der Übersetzung des hebräischen »kabod« eine ganz eigene Bedeutung, die, wie oben gesagt, zumeist mit Lichtglanz, Herrlichkeit, Ehre übersetzt werden muß. Das Wort »doxa« hat erkennbar eine zugleich ästhetische und soziale Komponente.

DIE ÄSTHETISCHE KOMPONENTE

Nicht nur die Himmelskörper, sondern auch alles Feuer auf Erden ist in seinem hellen Glanz ein Abbild der himmlischen Herrlichkeit. Denn der Thron des biblischen Gottes wird im Himmel vorgestellt, in einem lichtdurchfluteten Bereich – und eben nicht in der (dunklen) Unterwelt.

Ob es nun himmlische Hallen sind oder Gottes Thron, das himmlische Jerusalem nach Apk 22 oder Stationen auf dem Weg zu Gott, insbesondere Engel – immer wird himmlische Wirklichkeit als Fülle hellen Lichts dargestellt. Das betrifft auch Menschen, die in Gottes Bereich hineingehoben werden. Sie werden leuchten wie die Sonne (Dan 12), heller als die Sonne (Mt 13) oder mit leuchtenden Gewändern ganz neu eingekleidet (Henoch nach dem slawischen Henochbuch 22) – denn »Kleider machen Leute«. Wer im himmlischen Bereich ist oder durch eine Vision Einblick in diesen Bereich nehmen kann, der kann mit seinen leiblichen Augen diese strahlende Herrlichkeit wahrnehmen. Das gilt auch für die Verklärungsvision nach Mk 9,2-8.

Doch im übrigen gibt es genug Hinweise darauf, daß die Herrlichkeit Gottes, die die Menschen schon erreicht hat, mit leiblichen Augen nicht zu sehen ist. Sie macht einen Status aus, der gleichwohl durch Autopsie nicht zu erweisen ist. Dazu gehört Röm 8,30, wo Paulus sagen kann, die Christen seien nicht nur berufen und geheiligt, sondern auch verherrlicht. Und in 2 Kor 3,8 beschreibt er den Weg der Christen als Verwandeltwerden »hinein in immer mehr Herrlichkeit«. Die Grundlage ist mit 2 Kor 4,2 f gelegt: Gottes Herrlichkeit strahlt wider auf dem Antlitz Jesu Christi, und dieses leuchtet in die Herzen der Glaubenden hinein. Das Ganze meint die Erschaffung des Lichts.

Die Bibel spricht daher vom Lichtglanz Gottes, an dem nicht nur seine Engel teilhaben. Vielmehr kann der Gesamtvorgang der Erlösung so beschrieben werden, daß der Mensch mit Gottes Licht überkleidet und durch dieses Licht verwandelt wird. Auch die Heiligkeit von Gottes Tempel und Thron wird durch Bilder des Lichts beschrieben. Der Mensch, der an Gottes Unsterblichkeit Anteil hat, der ist »mit seiner Herrlichkeit angetan«.

DIE KONSEQUENZEN FÜR DIE ANSCHAUUNG VOM HEIL

Nun kennen wir diese Anschauungen zwar aus der Lektüre der Bibel, bemerken aber in der Regel die Konsequenzen nicht: Selbst im unsichtbaren Bereich der Wirklichkeit Gottes »denkt« die Bibel extrovertiert: Offenbarung geschieht wesentlich am Äußeren des Menschen, er wird leiblich verwandelt. So wird er auch die Vollendung »schauen«.

So tendiert die biblische Ästhetik in doppelter Hinsicht auf Anteilhabe hin:

– Der Leib wird durch Anteilhabe an Gottes Herrlichkeit verwandelt und vollendet.

– Durch das Schauen, also durch ästhetische Wahrnehmung, werden alle Christen selig.

Was das bedeutet, läßt sich am besten durch Analyse des Gegenteils verdeutlichen. Denn das Gegenteil zu biblischer Herrlichkeitstheologie ist das meiste, das in der heutigen sogenannten Seelsorge (man beachte schon das Wort!) betrieben wird: Es äußert sich:

- in der oben erwähnten anti-ästhetischen Depressivität der psychologisierten Seelsorge;
- in der Moralisierung der gesamten Verkündigung (inklusive Betonung des Wollens und einer neuprotestantischen Sündentheologie);
- in der noch immer betriebenen Entmythologisierung, indem biblische Erzählungen auf ihren nackten Kern hin entblättert werden, was in jedem Falle Verlust von Charme und Gestalt der biblischen Erzählung bedeutet.

DIE SOZIALE SEITE

»Doxa« bedeutet auch das Ansehen, das man voreinander hat, bzw. dem anderen zollt. Seine Brisanz erhält dieses Thema dadurch, daß mit diesem Aspekt nichts anderes als die »Würde« des Menschen gemeint ist.

Besonders anhand der zu Unrecht Leidenden und entsprechend Verachteten wird deutlich: Die biblische Rede von Herrlichkeit lebt aus der Spannung zwischen Sichtbarem und Unsichtbarem.

Vor allem die Märtyrer (1 Petr; Lk) leben in der Spannung von Leiden (= Ehrverlust) und Herrlichkeit (= Rehabilitierung oder Rechtfertigung, vgl. dazu Joh 16 und 1 Tim 3,16). In den synoptischen Evangelien besteht der Kontrast zwischen Verklärung und Leiden, im Johannes-Evangelium als Kontrast zwischen dem Erweis der Herrlichkeit in Wundern und Leiden (daher gibt es im 4. Evangelium keine Verklärung). Nach 1 Petr 4,12 ist bei dem, der leidet, der heilige Geist der Herrlichkeit. – So ist das leiblich Sichtbare stets notwendiges Zeichen, und zwar im Kontrast zum Leiden entweder als Tat oder als sichtbare Herrlichkeit (Lichtglanz).

Der Gegensatz von »Herrlichkeit« ist Verachtung, Geringschätzung, Leiden – und in diesem Sinn begreift man nun Finsternis und Schatten. Das eigentlich Häßliche ist Sünde, und durch sie dann bedingt Zerfall und Tod.

Der Grundsatz »Ehre wem Ehre gebührt« gilt bis heute für soziale Anerkennung wie Anerkennung Gottes. Er renkt alle Dinge wieder ein. Genau aus dem Grund bedeutet Gott zu ehren auch Friede unter

den Menschen (Lk 2,14). Gott die ihm geschuldete Ehre zu geben, ist
der Beginn der Neuordnung der Welt im Sinn Gottes und deshalb der
Beginn des Friedens. Gott zu ehren, heilt deshalb die Beziehungen unter Menschen. So bedeutet »Gott die Herrlichkeit geben« dasselbe wie »Gott die
Ehre geben«, und das ist: ihn anerkennen.

KONSEQUENZEN AUS DEM BIBLISCHEN VERSTÄNDNIS
VON HERRLICHKEIT

Herrlichkeit/Ehre ist in der Bibel von Anfang an ein ästhetisch-sozia-
ler Begriff und ein Begriff sozialer Reziprozität. Herrlichkeit zu besitzen, macht nicht glücklich. Sondern selig sind Menschen, wenn sie
die Herrlichkeit Gottes anschauen dürfen und so daran teilhaben. Im
Unterschied zur griechischen Auffassung über die Götter ist daher
auch nicht Gott an und für sich in seiner Existenz selig, sondern die
Menschen sind es, wenn sie Gott anschauen dürfen. »Herrlichkeit/
Glanz/Ehre« hat daher kein Innenleben bei dem, der sie hat, sondern
besteht im Verhältnis zum Gegenüber oder gar nicht.

Weil es sich bei Herrlichkeit/Schönheit um einen sozialen Begriff
handelt, ist auch im Neuen Testament Ehre/Herrlichkeit auf Gottes
Volk bezogen (Lk 2,32; Apk 12; Röm 9,4). Weil Ehre/Herrlichkeit/
Schönheit ein soziales Phänomen beschreibt, geht es auch immer wie-
der um die Rehabilitierung der Märtyrer nach ihrer schändlichen
Hinrichtung, so in Lk 24,26 (Eingehen in seine Herrlichkeit). Weil
Herrlichkeit sozial-kommunikativ ist, bedeutet Sündersein Verlust
an Ansehen, Vereinzelung und Einsamkeit.

Das neutestamentliche Gottesbild kennt nur eine einzige Richtung
des Handelns und Drängens Gottes: Gott geht aus sich heraus, den
Menschen entgegen, daher die Bilder: hervorgehen lassen, zeugen.
Gott hebt die Grenzen zu den Menschen hin auf, er ist nicht geizig, er
teilt seine Vitalität mit, hat keine Scheu Menschen zu vergotten. Daher gelten grundsätzliche Kategorien seines Wirkens: Erschaffen gemäß seinem Bild, Anteilgabe, Verwandlung des Menschen zu sich
hin. Deshalb redet Paulus vom täglichen Schritt zu mehr Herrlichkeit, vom täglichen Wachsen und Verwandeltwerden (2 Kor 4; 3,18).

ÜBER DIE SPANNUNG ZWISCHEN SICHTBARKEIT
UND UNSICHTBARKEIT

Kennzeichnend für die christliche Erfahrung des Verhältnisses von
sozialer und ästhetischer Wirklichkeit ist eine starke Spannung zwischen Jetzt und Dann. Der jetzt Verfemte wird dann der Geachtete
sein. Der Ausgestoßene und blutig Zugerichtete wird dann in Herrlichkeit strahlen. Vermittelnd zwischen Jetzt und Dann sind Visionen.[1] Sie nehmen die künftige strahlende Herrlichkeit vorweg. Im Johannes-Evangelium stehen Wundertaten an dieser Stelle. So wie bei
der Kreuzigung ist es auch sonst oft in der Geschichte: Die soziale
Schande ist sichtbar, die Herrlichkeit unsichtbar.

Die lateinische Liturgie des Mittelalters weist eine Verflechtung der
hier diskutierten Größen »Glanz«, »soziales Ansehen« und »Spannung zwischen sichtbar und unsichtbar« auf.

Die in der Schmach des Martyriums angegriffene soziale Anerkennung wird wiederhergestellt bei Gott. Dieses Modell von »Herrlichkeit« ist in der Liturgie weit verbreitet.

Qui ergo toleraverunt mala propter Christum, debent et gloriam
habere cum Christo (Maximus von Turin, Sermo 61: De Natali Mar-
tyrum). »Wenn im alten Rom die Zuerkennung der gloria, die »als
schickliche Pflicht der Sozietät empfunden wurde, ihren ursprüngli-
chen Ausdruck in der Verleihung des Triumphes fand«, so ist an eben
diese römische gloria zu denken, »wenn am Fest der Martyrin Euphe-
mia im Leonianum vom Triumph der gloria die Rede ist.« (Zit. U.
Knoche, Der römische Ruhmesgedanke, in: Philol 89 (1934) 102-
124,104; hier S. 39) Denn so sagt es die Präfation zu diesem Fest: ge-
minatae gloriae triumphum virginitas implevit et passio. Und natürlich sind es Licht und Herrlichkeit, die nach dem Martyrium Jesu am
Kreuz seine Auferstehung auszeichnen und die im Exsultet feierlich
besungen werden: gaudeat et tellus tantis irradiata fulgoribus et
aeterni Regis splendore illustrata totius orbis se sentiat amisisse cali-
ginem.

---

1 Wie bei Stephanus in Act 6,15; 7,55-56.

Andererseits erwarten alle Christen himmlische Herrlichkeit –
nach mühsamem ehrlosen Erdenleben: Die volle soziale Bedeutung
von Herrlichkeit wird erst dann ausgeschöpft. Auf dem Wortspiel
von »fides« und »finis« baut der folgende Text auf: VD L 294: *ut quos
iustificabat fides glorificaret et finis.*
Ausdrücklich um moralische Konsequenzen geht es in diesem
Text aus der Kerzenweihe zu Mariae Lichtmeß: domine Iesu Christe
lux vera ... concede propitius ut ... corda nostra invisibili igne id
est sancti spiritus splendore illustrata omnium vitiorum cecitate ca-
reant ...
Eine Spannung zwischen sichtbar und unsichtbar im Bereich der
Moral nimmt die im folgenden zitierte Präfation an. Der Qualität der
Taten entspricht himmlische Herrlichkeit: quem sancto spiritu red-
undante non solum operum qualitas indicabat sed tantum etiam cae-
lestis magnificabat claritudo (VD L 384). In diesem Sinne kann auch
die Herrschergüte »herrlich« genannt werden: (Segnung der Mitra
nach PontRom) Domine deus pater omnipotens cuius praeclara boni-
tas est, et virtus immensa ..., benedicere ... Auch in diesem Text des
Gelasianum liegt ein moralisches Verständnis von Herrlichkeit vor:
spiritus sanctus ... templum gloriae suae dignanter inhabitando
perficiat ...

In anderen Texten wird die Erleuchtung durch die grundlegenden Einsichten bei der Bekehrung – also etwas Unsichtbares – als Anteilhabe
an der Herrlichkeit beschrieben. Das bedeutet zugleich: Die Wahrheit
ist herrlich. Der Status der Bekehrten bzw. zur Kirche Dazugehörigen
wird somit ästhetisch-visionär beschrieben: *mentes nostras quaesumus Domine lumine tuae claritatis illustra* (Or. super popul. feria iv
Quatember Fastenzeit). – Oder in der Oration der Pfingstvigil: Prae-
sta quaesumus omnipotens deus, ut claritatis tuae super nos splendor
effulgeat et lux tuae lucis corda eorum, qui per gratiam tuam renati
sunt, sancti spiritus illustratione confirmet. Ähnlich auch in Sacramentarium Gelasianum: »ut perditi ... atque prostrati ... ad hanc
gloriam vocaremur«. Im Sacramentarium Gregorianum heißt es in
der Oration von Epiphanie: Inlumina domine quaesumus populum
tuum et splendore gloriae tuae cor eius semper accende, ut salvatorem
suum et incessanter agnoscat et veraciter adprehendat (18).

Thomas von Aquin spricht wiederholt von der *pulchritudo iusti-tiae* der Kirche, der glanzvollen, schönen Gerechtheit. (Zu Ps 44,11 und zu Jer 11,16). Er sieht sie als ihre geistliche Zierde an. Was bedeutet eigentlich *pulchritudo iustitiae*? Es ist die Schönheit, die in der Gerechtheit besteht, im Gerechtsein. Dieses Gerechtsein ist zweifellos deshalb schön, weil es nichts Zerstörerisches, Unruhiges, Ungleichgewichtiges an sich hat. Die Herrlichkeit der Kirche, so sagt Thomas zu Ps 44,11 f, besteht in gutem Gewissen, innerer Gerechtheit, Reinheit, Tugend und Hoffnung.

Ebenso kann Thomas von der Gnade Gottes sagen, sie mache schön wie das Licht (*pulchrificat sicut lux*; Zu Ps 25,8). Denn im Licht gibt es kein Dunkel, nichts Ängstigendes. Licht macht schön, weil nichts reiner und klarer, nichts strahlender und glanzvoller ist als das Licht – Kunstlicht kennt man zur Zeit der Bibel noch nicht. In den guten Werken, sagt Thomas an dieser Stelle, strahlt die göttliche Gnade wider, die wie das Licht verschönt.

Es gilt aber auch die andere Richtung: Durch die guten Werke der Christen erscheint Gott als herrlich (*gloriosus efficitur*), wird er verherrlicht (zu Joh 11,7, vgl. Mt 5,16).

ERTRAG

Niemand bezweifelt, daß Kriege zu führen eine Frage der Ethik ist. Eine der neueren Ursachen für Krieg scheint mir diese zu sein: Die Menschen in der arabischen Welt fühlen sich, wie oben angedeutet, nicht nur mißverstanden, sondern vor allem mißachtet. Die Antwort auf diese konstante Mißachtung ist blinder Haß gegen Amerika aus dem gesamten islamischen Gürtel der Erde. Stimmt es nicht, daß die Ursache für die meisten Kriege unserer Zeit gar nicht materielle Nöte sind, sondern schlicht die Erfahrung, in seiner eigenen Kultur abgelehnt zu werden? Spricht man nicht deshalb vom Aufeinanderprallen der Kulturen? Kommen nicht daher blutige Konflikte, weil einer die Lebensform des anderen nicht respektiert? (Ist das nicht der Keim der theologischen Rechtfertigungslehre: Gott akzeptiert uns so, wie wir sind?)

Das Thema Krieg und Blutvergießen berührt sich daher mit dem Thema Ehre, Ansehen – und daher mit der sozialen Seite des ästhetischen Themas Herrlichkeit und Ehre. Positiv formuliert: Der Respekt vor der Würde, Kultur und Ehre des anderen ist eine gute Basis für Frieden. »Leben aus dem Glanz der Ordnung« heißt in diesem Fall: Eine Friedensordnung finden auf der Grundlage des Respekts vor der gewordenen Würde und Kultur des anderen. Dabei gilt die historische Kenntnis: Alle alten Kulturen sind komplexe und überaus achtbare Systeme, also Ordnungen.

Wer also – wie der Neokolonialismus es tut – diese Ordnungen zerstört, so wie er den Regenwald abholzt, der schafft kriegerisches Potential. Denn die Würde des Menschen gibt es nicht abstrakt und jenseits der Geschichte, sondern in den Ordnungsgebilden und -systemen der Kulturen. Damit stoßen wir auf einen aktuellen Bezug unseres Themas.

Ordnung und ihre Herrlichkeit

Ordnung ist die Konstellation der geschaffenen Dinge, wie sie sich für den göttlichen Verstand (Logos) ergibt. Diese Ordnung ist durch den Menschen gestört und zerstört worden. Dennoch sind ihre impliziten Prinzipien erkennbar. Dazu bedarf es nicht erst des Bildes des Tierfriedens (Jes; 4. Ekloge Vergils), sondern es genügt der »utopistische« Beiklang des hebräischen Wortes Schalom. Augustinus entwirft in seiner »civitas dei« das Bild einer Friedensordnung unter den Menschen, die nicht nur Wiederherstellung der Ordnung des Paradieses ist, sondern weit darüber hinausgeht. So gehörte dieses Werk zur Pflichtlektüre der mittelalterlichen Kaiser.

Ordnung in diesem weiten mittelalterlichen Sinn sollte nicht verwechselt werden mit den Idealen eines kleinbürgerlichen Ordnungsstaates, die sich an der Aufstellung »in Reih und Glied« orientiert.

Die Bibel kennt das »Paradies« nicht als Idealzustand; einige Kirchenväter haben das Paradies so gesehen und wünschten sich im Sinn zyklischen antik-heidnischen Denkens die Wiederherstellung des Goldenen Zeitalters am Anfang.

Im Sinn von Apk 22 ist ein Schlüsselbegriff der Ordnung, an die wir denken, auch die Städteplanung. Hier treffen sich Soziologie, Vorstellungen des Menschenbildes, der Pädagogik und der Kunst.

Für die Zielvorstellung von Ordnung ist nicht zuletzt der Streit um das Menschenbild der Zukunft wichtig. Dieses richtet sich nach den Höchstwerten. Bestehen diese z. B. in Reinheit der Rassen, in Schmerzfreiheit, in großer Intensität des Konsums, in Autonomie? – Der Beitrag des Denkens der Bibel: Der Höchstwert ist Leben. Daher die Rede vom ewigen Leben, denn das ewige Leben kann nur der lieben, der das auf Erden schätzt. Deshalb wird Gott immer wieder als Arzt dargestellt. Daher sind große Christen des letzten Jahrhunderts in unterschiedlicher Weise als Ärzte oder ärztlich tätig gewesen (Albert Schweitzer, Mutter Teresa). Leben bedeutet freilich auch nicht bloßes Vegetieren und am Rande des Todes Laborieren, sondern ist nach der Bibel immer eine Frage der Qualität, inklusive (Lebens-) Freude und Leibhaftigkeit. Daher ist der Entwurf der Lebensordnung der Bibel auch nicht die farblose Variante des Sozialismus, sondern ein Miteinander in Gerechtheit (hebr: sedaqah), bei dem jeder einzelne für immer von Gott geliebt ist, und zwar »in seine Hand geschrieben«. Diese Ordnungsvorstellung wird in der Bibel anschaulich.

Aus den Hymnen von Qumran:

So soll der Mensch dein heiliges Eigentum sein
und sich trennen deinetwegen
von allen unheiligen Freveln
und von Unrecht und Schuld.
So soll er eins sein mit deinen Getreuen
und vereint mit deinen heiligen Engeln.
So erhebst du aus dem Staub den Totenwurm
in die unvergängliche Gemeinde.
Und aus seinem verdrehten Denken
erhebst du ihn zum rechten Verstehen bei dir.
So soll er hintreten vor dich
mit den unvergänglichen Heerscharen
und mit den Engeln, die alles wissen,
auf daß sie in gemeinsamen Jubel einstimmen.
Ich will dich loben, mein Gott,
ich will dich erheben, mein Fels.

Denn du hast mich erfahren lassen
deine feste Ordnung
und hast deine Wundertaten mir geoffenbart,
und ich erkenne, daß du gerecht bist
und barmherzig und gnädig,
und wenn du dich nicht erbarmst,
droht Vernichtung.

Glanz

DER GLANZ DER WAHRHEIT

In der scholastischen Lehre vom Schönen steht der Glanz (splendor)
der »Farbigkeit« ganz nahe. Denn, so sagt man, Schönheit bestehe
aus »proportio« (harmonische Zuordnung der Teile) und »splendens
color« (leuchtender Farbe).[1] Der »splendor« (Glanz) ist dasselbe wie
die »claritas« und meint die Zugänglichkeit, Erfaßbarkeit des Schönen, Thomas sagt: »veritas autem habet splendoris rationem« (Zur
Wahrheit gehört auch dieser Aspekt: Etwas muß gut und leicht zu er-
fassen sein, so daß man seiner gewiß ist).[2]
    Wichtig bleibt: Das kontemplative Leben ist besonders der Schön-
heit zugeordnet.

GESETZMÄSSIGKEITEN VERSUS GLANZ

Der Satz »Wir essen Brot, aber wir leben vom Glanz«[3] beschreibt das
Verhältnis von Notwendigkeit und Notdurft auf der einen Seite (Brot
essen) zu einem Menschenleben, das diesen Namen verdient hat und
nicht bloßes Vegetieren ist. Der Satz meint: Menschliches Dasein ist
nicht die Summe der mechanischen und biologischen Vorgänge, sondern beruht auf jenem Mehr, das die Dichterin »Glanz« nennt. Dieser
»Glanz« ist ästhetischer Qualität und führt über das bloße Funktionieren hinaus. Wenn es aber diese Überwindung des bloß berechen-

1 Thomas von Aquin, I sent dist 3.
2 Ebenda.
3 Hilde Domin, mdl., Heidelberg 1976.

baren Funktionierens ist, dann spielt hier die Freiheit (in Differenz zu reinen Vorgängen) eine größtmögliche Rolle.

Am Beispiel eines Textes von Hans Urs von Balthasar soll diese besondere humane Rolle der Ästhetik erläutert werden:
»Fehlt dem Verum jener Splendor, der für Thomas das Merkmal des Schönen ist, dann bleibt die Wahrheitserkenntnis sowohl pragmatisch wie formalistisch. ... Fehlt aber dem Bonum jene Voluptas, die für Augustinus das Anzeichen seiner Schönheit ist, dann bleibt auch der Bezug zum Guten sowohl utilitaristisch wie hedonistisch.«[1]

Zur Erläuterung: Die Diskussion geht um die Merkmale eines jeden, das ist. Denn jedes Ding oder jede Person hat drei Attribute: bonum, verum, unum, in schlichtester Übersetzung »gut, wahr, eines«. Von diesen Merkmalen geht es hier um die beiden ersten. Diskutiert wird allerdings auch, ob jedes Ding und jede Person nicht auch »pulchrum« sei, »schön«. Und dazu tritt dann die Definition: »pulchrum est splendor ordinis«: Schönheit ist der Glanz der Ordnung.

Somit haben wir die Begriffe bereitgestellt, die für unseren Abschnitt wichtig sind:

verum (ein Ding ist wahr, ist wirklich das, was es zu sein vorgibt)
splendor (der Glanz, der Reiz des Schönen, macht etwas attraktiv und liebenswert)
pulchrum (etwas ist begehrenswert)
ordo (Ordnung besteht darin, daß die Teile des Ganzen im Verhältnis zueinander [*proportionalitas*] lebensfähig sind)
bonum (etwas ist wertvoll)
voluptas (Lust und Freude als Voraussetzung für Lebensvorgänge)
Das Ganze ist aristotelisch-thomistisch gedacht. Die Pointe liegt in diesem Falle darin, daß das Schema von »gut, wahr, eines«, ja auch das Merkmal »schön« völlig tot bleibt, wenn nicht der Reiz und die Lust hinzutreten. Erst durch diese beiden Faktoren gibt es Bewegung in der Schöpfung, und es gibt eine legitime Lust.

Von Balthasar argumentiert daher: Die Wahrheit braucht den Glanz genauso, wie das Gute die Leidenschaft braucht, denn sonst bleiben sie starr, unattraktiv und für die Menschen bedeutungslos.

1 von Balthasar, Herrlichkeit I, 145.

Die Erkenntnis der Wahrheit bleibt dann pragmatisch (sie wird Faktenhuberei, erschöpft sich im Sachwissen) und formalistisch, d. h. ohne Bezug zum Leben. – Das Gute bleibt dann Objekt des Utilitarismus (vordergründige Nützlichkeit statt sittliche Qualität) oder des Hedonismus (isolierter, egoistischer Lustgewinn ohne Bezug zum Ganzen).

Der Beitrag dieser Erörterung zu unserer Diskussion: Von Balthasar geht mit der Scholastik hier den Weg von der Ontologie zu einer (gleichfalls scholastischen) ethisch-psychologischen Betrachtungsweise. Anders gesagt: Es genügt nicht der Hinweis auf Werte, wenn nicht gezeigt wird, inwiefern sie attraktiv sind. Wenn sie keine Faszination besitzen, bleiben sie starr. Die Faszination ans Licht zu stellen, ist besonders Aufgabe der Poesie, der Kunst und der liturgischen Dramaturgie.

Im Vergleich zum Dominikaner Thomas gibt der Franziskaner Bonaventura (1221-1274) nicht wirkliche Unterschiede: Folgen wir dem großen Sentenzenkommentar Bonaventuras, so hat die Lehre vom Schönen folgende Aspekte: Alles, was besteht, ist schön. Schönheit betrifft dabei ein Element des Erkennens. Das heißt: Schönheit gibt es im Zusammenspiel von Betrachter und Gegenstand. Schönheit selbst besteht in der Ordnung,[1] nämlich in Vielfalt und Gleichheit zugleich, in der Gleichheit und Ähnlichkeit der Teile, das heißt: Schön ist etwas, dessen »Teile« übereinstimmen in aller zahlenmäßigen Vielheit. Oder anders gesagt: Schönheit ist die Vielfalt, in der Ordnung und Vollkommenheit besteht. Sie ist vielfältige Gleichheit, besteht in einer Abstufung (gradatio) von ungleichen Dingen. Sie hat aber auch eine emotionale Seite: Sie erfreut das Herz, und insofern ist sie Vollendung der Rationalität, sie bewegt das Herz zur Liebe (attrahit animam ad amorem[2]). Ihr eignen »suavitas« (Eleganz) und »dulcedo« (Lieblichkeit).

WAS IST GLANZ?

Bisher haben wir Glanz bestimmt als das »Mehr« über mechanische Vorgänge hinaus, das die Lebensgeister weckt. Aber der Glanz ist nicht konsumierbar. Er ist ein gratis und frei gegebenes Merkmal, das

1 Bonaventura Opera omnia I-IV, Quaracchi, 1882ff, 252 arg.3.
2 Bonaventura IV 713 d 6.

in Ursprung und Ziel an die Freiheit appelliert. Glanz (splendor) geht über das gewöhnliche Licht hinaus. Denn Licht erschließt dem Licht des Verstandes. Glanz dagegen begeistert, fasziniert, ist ein Licht, das die Situation des Anschauens fast zu einem Fest werden lassen kann. Der Glanz hat etwas Einladendes, Verlockendes, Faszinierendes.

DER GLANZ DER WAHRHEIT ALS INNOVATIVE KRAFT

Der Glanz der Wahrheit könnte auch der Anlaß dafür sein, Mut und Risikofreude für die Beschäftigung mit einer Sache aufzubringen. Vor allem hat Glanz im Unterschied zu Licht etwas von Ermöglichung ekstatischer Freude an sich. Freude bedeutet in der jüdischen und hellenistischen Tradition stets: etwas zu finden. So kann man Erkennen auch bezeichnen als eine Art Nach-Schöpfung, bei der etwas von der Freude wieder zugänglich wird, die Gott hatte, als er die Dinge schuf. Denn wenn schon die Erzeugung eines Menschen den zukünftigen Eltern soviel Freude macht, um wieviel mehr Freude muß erst Gott die Erschaffung der ganzen Welt gemacht haben.

Freude ist immer ek-statisch, besteht immer, wenn jemand »aus dem Häuschen« ist, nicht mehr ganz bei sich, sondern sich öffnet und bei einem anderen, bei einer wiedergefundenen Erkenntnis sein möchte.

Solche Freude bildet Maßstäbe heraus wie das Verliebtsein. In beiden Fällen geht es um strenge, neue Maßstäbe, nicht nur um Verwaltung oder Fortschreibung des Alten; denn es kann sehr innovativ sein, seine bisherige Rolle zu vergessen und aufzugeben, um die Dinge von einer ganz anderen Seite zu sehen. Aber es sind dann Maßstäbe, die aus Begeisterung entstehen.

Ehre und Herrlichkeit

KULTUR, ORDNUNG, ÄSTHETIK

Zwischen den drei Größen Kultur, Ordnung und Ästhetik besteht ein innerer Zusammenhang, der für unser Thema brisant ist:

Kultur äußert sich wesentlich in Ästhetik. Das ist evident anhand der Rolle der Künste in jeder Kultur. Das gilt besonders eindrucks-

voll, wenn man auch die Baukunst hinzunimmt oder die Industrie-
denkmäler als Zeugnisse menschlichen Selbstverständnisses. Und
das, was Kant über Freiheit und Geschenkhaftigkeit im Bereich der
Ästhetik meint, gilt im wesentlichen heute für den gesamten Bereich
der Kultur. Die tendenzielle Ordnung einer Kultur ist die mehr oder weniger
konsequent vollzogene und vor allem in der Ästhetik anschaubare
Gestalt bestimmter Prägung. Der Religion kommt dabei, gerade weil
sie sich in der Spannung sichtbar/unsichtbar bewegt, traditionell her-
vorragende Bedeutung zu.

Schönheit

»Schönheit ist der Glanz der Ordnung« – in diesem thomistischen
Satz ist unser Thema als Arbeitstitel begründet. Wir versuchen, diesen Satz aus dem Kontext der Philosophie des Aristoteles und des
Thomas von Aquin zu verstehen und verbinden ihn auf diese Weise
mit der thomistischen Seins- und Erkenntnislehre. Dabei geben wir –
ohne im einzelnen alle Sätze zu belegen – die Rahmenbedingungen
und Voraussetzungen des thomistischen Denkens jeweils kurz in eigenen Sätzen wieder. Das kontemplative Leben stößt durch sich selbst
auf Schönheit, und zwar gerade weil es vernünftig ist.

SCHÖN IST, WAS MAN ERSEHNT UND ERSTREBT

Schön ist zunächst das, was man sieht und was gefällt.[1] Daß man es
»sieht«, steht für Erkennen allgemein. Das aber, was gefällt, möchte
man haben oder wenigstens anstreben. Für das Schöne wie für das
Gute gilt: Wir ersehnen es und lieben es.[2] Dabei unterscheidet sich
das Schöne vom Guten in der Hinsicht: Das Schöne hat sich die Berechtigung des Guten angeeignet, denn mit jedem Schönen erstreben
wir auch ein Gutes. Und da das Gute kein Höheres über sich hat, gilt
das auch für das Schöne. Jeder, der das Gute haben will, will auch das
Schöne.

1 Thomas von Aquin, Summa 1 quaest 5, art. 4 ad 1.
2 Ders., De div nom 41,9.

DAS SCHÖNE BEDEUTET ETWAS BESONDERES
FÜR DAS ERKENNEN

Das Schöne wird in der erkennenden Aneignung geliebt. Wenn wir uns danach sehnen, gewinnt unser Streben beim Anblick oder bei seiner Erkenntnis Ruhe. Daher kann man sagen: Schön ist, dessen Erkennen eben als Erkennen Freude macht (cuius ipsa apprehensio placet). Schön ist etwas, das im Erkanntwerden selbst Freude macht. Man kann auch sagen: Im Vollzug der Erkenntnis wird das Schöne geliebt, erfüllt es die Sehnsucht, das Streben.

Auf dem Weg zum Erkennen sind zunächst die Sinne (sensus) wichtig, aber letzten Endes ist die Wahrnehmung von Schönheit durchaus eine Sache des Intellekts.

SCHÖNHEIT JEDES DINGES UND SCHÖNHEIT GOTTES

Jede Gestalt hat Anteil an der göttlichen Klarheit, d. h. Schönheit. Sofern ein Ding ist, ruht es in der göttlichen Schönheit. Und worin besteht die Schönheit? In Ordnung (ordo), Gestalt (forma) und Abmessung (mensuratio). – Den Gegensatz zum Schönen bildet das Häßliche. Häßlichkeit ist ein Mangel. Dieser Mangel kann bei Kreaturen darauf beruhen, daß sie verschieden sind und daß sie – als materielle Gegenstände – je für sich existieren (particulatio). Jedes Ding hat in seiner Endlichkeit nur Anteil an der Schönheit.

Schönheit in Kreaturen ist Anteilhabe an der göttlichen Schönheit. Denn die Gestalt hat als Gestalt Anteil an der »divina claritas«. Weil von Gott alle Dinge kommen, ist er auch die Quelle aller Schönheit.

DER BESONDERE ASPEKT DER SCHÖNHEIT

Nicht einzigartig, aber doch wichtig: Jedes Ding ist auf ein anderes hingeordnet. Schön ist ferner alles, was erstrebenswert durch Wahrnehmung ist. Ferner kommen die Attribute der »harmonia« und der »claritas« in besondere Nähe zum Schönen. Thomas äußert sich besonders dazu: *harmonia* (die Teile passen zueinander), *proportio* (Ausgewogenheit der Proportionen) und *consonantia* (alles paßt zusammen) gehören zum Schönen, und das heißt: *dispositio* (klarer Aufbau), *commensuratio* (harmonische Abmessungen), *ordo* (schöne Anordnung), *consonantia* (alles paßt zusammen) und *proportio membrorum* (die Teile stehen in ansprechendem Verhältnis zueinander).[1] Diese Zusammenstellung läßt erkennen: Die Schönheit besteht oft in einer Beziehung unterschiedlicher Größen zueinander.

Neben der *harmonia* (die Teile passen zueinander) ist *claritas* (die Schönheit muß offenkundig sein) die wichtigste Voraussetzung für Schönheit. Bei der *claritas* unterscheidet man erstens die *claritas corporalis* (materiell offenkundige Schönheit), und diese bezieht sich auf die Farbe (color), die ein Ding strahlend, hell oder glänzend macht, so daß es für die Sinne zugänglich ist. »Sichtbares bewegt, weil es Farbe hat.« Zweitens gibt es auch die *claritas spiritualis* (die Identität ist klar erkennbar).

HARMONIE UND KLARHEIT

Harmonie (harmonia) bezieht sich auf die Eigenschaft des Gegenstandes. Seine Glieder, Teile, Segmente stehen wohlproportioniert zueinander. – Weil die Erkenntnis der Schönheit sich letztlich auf den Intellekt bezieht, ist Harmonie etwas objektiv Wahrnehmbares.

Klarheit (claritas) dagegen meint die Beziehung zwischen dem Wahrnehmenden und der Gestalt, die Offenheit und Offenbarkeit der Gestalt für seine Wahrnehmung. Die Klarheit ist daher »der Glanz, mit dem das Schöne durch seine Harmonie dem erkennenden Geist zuleuchtet«. Klarheit hat daher etwas mit Licht zu tun.

KONTEMPLATION

Die Bejahung eines Seienden in sich selbst nennt man Liebe. Gerade die Liebenswürdigkeit eines Gegenstandes der Erkenntnis aber nennt man Schönheit. Wenn also beim Erkennen das Schöne geliebt wird, dann ist das ein Zur-Ruhe-Kommen des Strebens. Daher gelten zwei Sätze: 1. Das kontemplative Leben stößt durch sich selbst auf Schönheit, und zwar gerade weil es vernünftig ist (in vita contemplativa quae consistit in actu rationis, per se et essentialiter invenitur pulchri-

1 Thomas von Aquin, Summa theol. I-II qq 1 und 142.

tudo). Das bedeutet: In der Kontemplation wird das Bejahte, das Geliebte zugänglich; und 2. Beim Anblick des Schönen kommt die Sehnsucht des Verstandes zur Ruhe (in eius aspectu quietetur appetitus). Dabei ist am Ziel nicht mehr diskursives Denken angesagt, sondern Schauen. Und darin, daß das Streben und die Sehnsucht zur Ruhe kommt, liegt ein Element des Willens.

So hat die Lehre »Alles, was ist, ist (auch) schön« ihren Sitz im Leben in einer Nische zwischen Wollen und nicht-diskursivem Erkennen.

ERTRAG

Philosophisch ist das Schöne einerseits dem zugeordnet, was wir seit Aristoteles das Strebevermögen des Menschen nennen, seinen Appetit, seine Sehnsucht, alles das also, was ihn unterwegs hält auf dem Weg zu einem Ziel. – Und andererseits wird das Schöne vom erstrebten Gegenstand (»Objekt«) ausgesagt als Harmonie, Proportionalität, Stimmigkeit, vor allem aber als »Klarheit« (claritas), und das bedeutet Einsichtigkeit, Unterscheidbarkeit, Farbigkeit im Sinn auch der Individualität, Zugänglichkeit, Vernehmlichkeit, (dem Erkennenden) Zuleuchten. Thomas scheut sich auch nicht, die »vita contemplativa« (des Mönchs) der Erfassung göttlicher Schönheit zuzuordnen. Denn »schön ist, was – in seiner Harmonie betrachtet – erfreut«.

Für unsere Frage nach dem Verhältnis von Ethik und Ästhetik bleibt daraus wichtig, daß das Schöne ganz nahe beim Guten liegt, denn es ist ja mit ihm (und zwar untrennbar) Gegenstand des Wollens und Strebens.

Ästhetik und Ethik zu gründen auf einem liebevollen Bejahen der Dinge, das ist der wichtigste Ertrag dieser Überlegungen. Denn so steht nicht an erster Stelle, was wir aus einem Ding machen, wie wir es verändern oder wozu wir es benutzen. Sondern es geht um (Schöpfungs-)Güter, die wir bejahen – letztlich auch hier wieder aus Bewunderung heraus.

Erfahrung des Lichts

Wer vom Glanz der Ordnung oder vom Glanz der Wahrheit spricht, setzt voraus, daß Licht etwas anders verstanden wird als in der Umgangssprache. Vielmehr ist Licht in diesem biblischen und philosophischen Sprachgebrauch an verschiedenen Orten gegeben:

– Grundsätzlich ist das Licht an seinen Träger gebunden und wird nicht losgelöst von einem bestimmten Subjekt als eigenständige Größe empfunden. Licht ausstrahlen bedeutet eine positive Relation zu anderen, wie Zugänglichkeit, Vertrautheit. Licht ist Heiligkeit der Welt und daher Heil.

– Das physikalische Licht ist eine Voraussetzung zur Wahrnehmung körperlicher Dinge.

– Der menschliche Verstand besitzt eine Erkenntnisfähigkeit (lumen), die durch die Weltgeschichte und je nach Umstand mehr oder weniger getrübt bzw. klar ist. Ohne dieses Licht wäre alles Nicht-Sinnliche im Menschen unzugänglich. Aber daß er z. B. Dinge aus Erinnerung sieht, setzt ein inneres Licht voraus, das sie zum Leuchten bringt.

– Die Dinge selbst tragen eine Erkennbarkeit an sich (lumen). So erschließen sie sich überhaupt dem Wahrnehmen. Die Buntheit der Dinge wird z. B. als von ihnen ausgehendes Licht gedeutet. Nach Weish 6,5 gilt: »Liebt das Licht der Weisheit«. Die Weisheit wird daher wie ein Himmelskörper gedeutet (Sonne, Mond und Sterne), der sein eigenes Licht aussendet.

– Diese Erkennbarkeit der Dinge und das Erkennen-Können des Menschen sind als Lichter einander zugeordnet durch die Herkunft aus dem göttlichen Welt-Logos, also die Situiertheit alles Geschaffenen im göttlichen Licht. Eine besondere Rolle bei der Entstehung spielt die Schriftstelle Ps 35,10 »in lumine tuo videbimus lumen«: »In deinem Licht können wir das Licht sehen«.

Ein Musterbeispiel der ästhetischen Begründung von Ethik gibt Paulus in 1 Thess 5,4-7: »Brüder und Schwestern! Sitzt nicht im Finstern herum, sonst überrascht euch der Tag des Herrn wie ein Dieb. Denn ihr seid Kinder des Lichts und des Tages. Wir gehören nicht zu den finsteren Gesellen der Nacht. Daher wollen wir uns nicht hinlegen und die Zeit verschlafen wie die übrigen, sondern wachen und nüchtern bleiben. Denn wer nachts schläft und wer nachts betrunken ist, beide gehören der Dunkelheit.« Die christliche Identität wird ästhetisch begründet. Weil die Christen zu Gott gehören, sind sie Kinder des Lichts und des Tages. Denn jeder Tag ist ein Abbild des großen Tages des Herrn. Wer aber Kind des Lichts ist, kann unmöglich Dinge tun, die man nachts im Finstern und heimlich tut. Denn wer Kind des Lichts ist, hat am Licht teil. Und er kann nicht gleichzeitig an der Finsternis teilhaben. Die Identität der Christen wurde metaphorisch-religiös begründet. Die Konsequenzen sind metaphorisch-ethisch. Die Argumentation verläuft innerhalb der Ordnung der Zeit, die sich an den Antithesen von Licht und Finsternis orientiert.

So wird erklärt, daß die menschliche Wahrnehmung auf etwas stößt, das sich wahrnehmen läßt. Es wäre ja vorstellbar, daß es etwas gäbe, was Menschen überhaupt nicht wahrnehmen können. Nur weil die Dinge, die wir kennen, eine Erschließbarkeit, ein Offenbarsein an sich haben, sind sie uns zugänglich. Die Ordnung der Welt kann wahrgenommen und erkannt werden, weil sie sich öffnet und Erkennbares ausstrahlt. Im Bild: Einen Leuchtturm, der kein Licht ausstrahlt, kann man in der Nacht nicht wahrnehmen. – Wir stoßen jedenfalls in der Scholastik auf Vorstufen dessen, was dann später in der Philosophiegeschichte als transzendentale Subjektivität gedeutet wird, nämlich die Bedingung der Möglichkeit von richtiger Erkenntnis. Sie beruht auf einer gewissen vorgängigen Harmonie zwischen Erkennendem und Erkanntem. Beide haben an demselben Anteil, das die Bibel und die Scholastik hier »Licht« nennen.

Für unsere Fragestellung »Leben aus dem Glanz der Ordnung« bedeutet dies: Die Basis ist »optimistisch«. Denn angenommen wird die Erkennbarkeit der Dinge und ihrer Ordnung – und nicht ein notwendiges Verfehlen; der Mensch tastet sich nicht grundsätzlich nur im Dunkeln vorwärts. Angenommen wird ferner, daß die Erschließbarkeit der Dinge erfreulich ist und letztlich heilvoll. Und schließlich ist eine positive Beziehung zum Schöpfer und seinem Licht nützlich für die Erkenntnis des Lichtes der Dinge.

Trotz aller modernen Erkenntnistheorie hat die hier vorgetragene Sicht einiges für sich, vor allem auf dem Gebiet der Erkenntnispsychologie: daß sich Dinge in ihrer Erschließbarkeit aufdrängen, daß es eine Evidenz geben kann, der man sich nicht entziehen kann. Zu erinnern ist daran, daß Hans Jonas seine Ethik der Verantwortung auf derartige Evidenzen gegründet hat, z. B. auf das »unwiderstehliche« Schreien eines Säuglings aus Hunger als Appell an die »Humanität«. In der hier vorgetragenen Konzeption geht dieser Appell von der Ordnung der Dinge aus.

Bild und Ähnlichkeit

DIE ARGUMENTATION MIT DER EBENBILDLICHKEIT

Mit den Überlegungen zu diesem Punkt wird ein im Rahmen des gestellten Themas erwartbarer und verhältnismäßig beliebter Argumentationsweg zunächst abgeschnitten und sehr stark eingegrenzt. Dieser Abschnitt ist daher der am stärksten theologie-kritische.

DIE BIBLISCHE BASIS IM ALTEN TESTAMENT

Der exegetische Befund läßt eine allgemeine Ausweitung zu einer ästhetisch begriffenen Anthropologie oder Ethik hier nicht zu. Das gilt für das Alte wie für das Neue Testament.

»Gott schuf den Menschen ihm ähnlich und zu seinem Bilde. Männlich und weiblich schuf er sie« ist der Ausgangstext in Gen 1,27. Was der Text im Zusammenhang bedeutet, das wird am ehesten aus Gen 5,2 erkennbar. Denn dort heißt es von Adam: »Und Adam zeugte Seth, ihm ähnlich und zu seinem Bilde«. In Gen 5,2 heißt das: Seth ist von allen Menschen dem Adam am ähnlichsten, denn er ist sein Sohn, von ihm gezeugt. Da in Gen 1,27 von der Zeugung nicht die Rede ist, bleibt gleichwohl der Aspekt der »relativ größten Ähnlichkeit« bestehen. Das bedeutet: Von allen Lebewesen, die Gott bisher erschaffen hat, sind die Menschen ihm am ähnlichsten. Die entscheidende Frage ist nun, worin diese relativ größte Ähnlichkeit zu Gott besteht. Folgende Aspekte sind möglich:

ÜBERNAHME DER FUNKTION

Gott spricht allein mit den Menschen. Er macht sie auch zu seinen
Verwaltern auf der Erde. Damit sind sie sein Gegenüber, seine »Partner« und jedenfalls seine Verwalter. Diese funktionale Rolle der
Partner ist wohl die wahrscheinlichste. Sie hat sowohl schöpfungs-
theologische wie kultische Dimensionen. Immerhin ist die Basis der
Verwaltertätigkeit des Menschen seine abbildhafte Nähe zu Gott.
Nach der hier vorausgesetzten Bild-Theorie liegt das Entscheidende
nicht in der mit Augen sichtbaren Übereinstimmung der Figur und
der Farben. Vielmehr besteht die Abbildlichkeit des Menschen darin,
daß er Anteil hat an Gottes Hoheit und schöpferischer Ordnungsmacht. Denn Verwalter sein bedeutet ja nicht, zerstören dürfen, sondern eben an dem Anteil haben, was Gott als Schöpfer tut. Und das ist
im wesentlichen Ordnen, eine Ordnung des Lebens schaffen. Nicht
die Erschaffung aus Nichts steht im Vordergrund der biblischen Anschauung der Schöpfung, sondern das Ordnen.

FIGÜRLICHE ÄHNLICHKEIT

Der Mensch sieht Gott ähnlich, denn er ist gestaltet wie Göttersta-
tuen in den orientalischen Religionen. Der Schöpfungsbericht wäre
daher an dieser Stelle ohne Rücksicht auf das Bilderverbot formuliert. Gott würde zumindest wie ein Mensch vorgestellt oder gedacht.
Es läge hier ein Anthropomorphismus vor.

Die Sachlage wäre dann ähnlich wie beim himmlischen Heiligtum,
von dem gesagt wird, das irdische Heiligtum sei nach ihm gestaltet.
Gewiß wird das himmlische Heiligtum nach der Art des irdischen
vorgestellt. Und vielleicht war das irdische zuerst, das himmlische ist
nach seinem Bild entworfen. Aber diese Umkehrung der Relation:
Nicht x ist nach y, sondern y ist nach x geformt – diese Umkehrung
hat ihre Weisheit.

Und auch dieses gilt hier: Weil unter Menschen gewöhnlich die
größte Ähnlichkeit zwischen Eltern und Kind besteht, besagt die Erschaffung des Menschen nach Gottes Bild auch dieses: Der Mensch
stammt sozusagen von Gott ab, ähnlich wie Seth von Adam. Auch

nach Lk 3,38 ist die Beziehung Gott/Adam zumindest der Kindschaft analog.

Resultat: Die wahrscheinlichste Auslegung der biblischen Ansicht von der Gottebenbildlichkeit des Menschen begründet den Auftrag zu schöpferischer Ordnung und umgekehrt.

DIE AUSLEGUNG VON GEN 1-2 IM NEUEN TESTAMENT

Der gebildete Laie weiß: es gibt zwei alttestamentliche Schöpfungsberichte hintereinander, einen in Gen 1, einen zweiten in Gen 2. Nach Gen 1 erschafft Gott den Menschen »zu seinem Bild und ihm ähnlich«. Nach Gen 2 wird erst Adam, dann Eva geschaffen. Schon zur Zeit des Neuen Testaments hatte man diese Doppeltheit beachtet (Philo von Alexandrien, Paulus in 1 Kor 15,44-48). Paulus wie der Verfasser des Kol beziehen den ersten Menschen aus Gen 1 auf Christus. Bei Paulus geht das aus 1 Kor 15,45b.49 hervor, im Kol aus 1,15 (Bild Gottes). Gen 1 wird also für sie zur Quelle dazu, Jesus Christus an die erste Stelle der Rangfolge zu setzen. Dann lesen sie weiter und finden in Gen 2 die »normalen« sterblichen Menschen. Liest man daher die Kapitel Gen 1-2 unter dieser Voraussetzung, dann ergibt sich die Reihen- und Rangfolge Christus – Mann – Frau.

Hier liegt der Grund dafür, daß bei Paulus und in seinem Umkreis (Kol und Hebr) allein Jesus Christus Gottes Bild ist – und nicht jeder Mensch, bzw. Mann und Frau in ihrer natürlichen Gegebenheit.

KOL 3,1-4

»Sucht das, was droben ist« oder »Denkt himmlisch, nicht irdisch«,[1] so zieht der Briefsteller die Konsequenz. Was heißt das? Wie sähe der neue Maßstab für menschliches Handeln aus? Der Verfasser weist zunächst nur auf eine Zukunftsvision, die diesen Namen verdient hat: »Wenn Christus einmal unverhüllt dastehen wird als der, der er wirklich ist, euer Leben, dann werdet auch ihr unverhüllt dastehen

---

1 K. Berger/C. Nord: Das Neue Testament und frühchristliche Schriften, Frankfurt 1999, z. St.

mit ihm, in unvorstellbarer Herrlichkeit.« Herrlichkeit ist der Maßstab. Denn dieses biblische Wort bedeutet nicht nur Lichtglanz, sondern auch Ansehen der Menschen voreinander. Der Lichtglanz
kommt aus Gottes realer, unverhüllter Gegenwart. Das Ansehen voreinander nennt man auch Würde. Es ist wie gesagt schwer, Menschenrechte aus der Schöpfungsgeschichte herzuleiten. Denn daß der
Mensch nach Gottes Bild geschaffen wurde, bedeutet nicht Rechte
für ihn, sondern Rechte Gottes an ihm. Er ist Gottes Partner, Gott hat
ihn als Verwalter der Schöpfung angestellt. Das sind nicht Rechte,
sondern Pflichten. Aber hier, in diesen zwei kleinen griechischen
Wörtern »in Herrlichkeit«, da liegt das beschlossen, wozu der
Mensch da ist. – Nur Zukunftsmusik statt einklagbarer Rechte? Nur
für Christen? Unser Brief sagt dazu: Seit Jesus Christus zur Rechten
Gottes ist, hat die Würde des Menschen einen bleibenden Anwalt.
Und zu dem neuen Leben hat der alle berufen, der stets und für immer
barmherziger ist, als wir uns das vorstellen können.

Vormoralische Vorbilder

Ein geläufiges – keineswegs auf eine bestimmte Konfession be-
schränktes – Mißverständnis des Wortes »Heilige(r)« ist typisch für
unsere Sprache, nämlich ein moralisches. Liest man dagegen eini-
germaßen moderne Darstellung großer Heiliger, zum Beispiel aus
der Feder des reformierten Pfarrers W. Nigg, so stellt sich alles andere als ein vorwiegend moralischer Eindruck ein. Aus unserer stark
biographisch orientierten Sicht sind Heilige nicht vorrangig Re-
präsentationen der Tugendlehre, sondern Menschen, die – auf eine
freilich besondere Weise – mit Gott, mit ihren Eigenarten, ihrem Le-
bensweg und der historischen Aufgabe in ihrer Stunde fertig geworden sind.

Das Wort »Heilige(r)« bedeutet ja auch nicht einfach »gut« oder
»gerecht«, sondern zunächst einmal »erwählt«, »begnadet«. Insofern
kann man an den Heiligen Spuren der Gnade sehen. Das bedeutet:
Alle diese christlichen Gestalten sind nicht in erster Linie moralische
Vorbilder für bestimmte Tugenden, sondern zuerst Menschen, an denen man eindeutig das Wirken der Gnade wahrnimmt, anders gesagt:

Alle Heiligen sind auch »schräge Vögel«, Menschen, die in je ihrer Einseitigkeit alles »auf eine Karte gesetzt haben«. Insofern sind sie oft unnachahmlich im wahren Sinn des Wortes.

Anteilhabe und Verwandlung

ANTEILHABE

Die Art der Anteilhabe ist durch das Sehen (oder andere Sinneswahrnehmungen) ästhetisch vermittelt. Aber der Eindruck schwindet nicht, sondern er begründet Gemeinschaft. Das ästhetisch Wahrgenommene gehört seitdem »zu uns«, ist – unabhängig von Herkunft und Besitzverhältnissen – ein Stück unserer Lebenswelt (Kultur). Es kann uns etwas sagen und besitzt daher eine Lehr-Autorität.

VERWANDLUNG UND VERÄHNLICHUNG

»Verwandlung« ist ein Modewort der römischen Kaiserzeit zur Zeit der Entstehung des Christentums. Wie Ovids »Metamorphosen« (»Verwandlungen«) bezeugen, war das hellenistische Ideal die Rückverwandlung des Menschen in die Natur. Das jüdisch-christliche Ziel aller Kreatur ist dagegen die schließliche Verwandlung aller Kreatur in die Ähnlichkeit mit Gott.

Beides hat mit Ästhetik zu tun, denn Verwandlung betrifft letztlich immer auch die Gestalt. Manchmal geschieht Verwandlung verhüllt, aber das ist jeweils nicht das Letzte.

Auch die Abendmahlstradition spricht von Verwandlung bzw. Wandlung. Wie bei allen Sakramenten ist diese Verwandlung zunächst an ein unscheinbares Zeichen gebunden, das aber in Verhülltheit die Anwesenheit des Neuen ist. Auch bei Gadamer geht es in der Ästhetik der Verwandlung um das Sein, nicht um irgendwelche freischwebenden Bedeutungen.

Man kann sagen: Der ästhetische Eindruck geschieht von außen nach innen, mit der Tendenz, das Herz zu erreichen. Die Verwandlung dagegen beginnt dann im Inneren, mit der Tendenz, nach außen zu wirken, um schließlich den Bereich sichtbaren Handelns und letzt-

endlich auch unseren sichtbaren Leib zu verwandeln. Hier ist also die
Richtung von innen nach außen.
Die Verwandlung zielt immer auf »Ähnlichkeit mit ...«. Es
wurde schon deutlich, daß Verwandlung ein dramatisches Geschehen ist, in dem es jedenfalls ein Vorher und ein Nachher gibt. Die
intendierte Verähnlichung wird daher äußerlich und dramatisch angeeignet.

IM BLICK AUF DIE FASZINATION DER VERWANDLUNG

In 1 Kor 15 liefert Paulus den Musterfall einer Verbindung von Ethik
und Ästhetik. Die ästhetische Dimension bezieht sich hier auf die er-
wartete Verwandlung des Leibes. »Verwandlung« ist für Paulus ein
Stellvertreter-Wort für Verherrlichung und Überwindung des Todes
durch Unsterblichkeit.
In der Gemeinde von Korinth glauben etliche Christen nicht an die
Auferstehung. Dieses hat nach Paulus gravierende ethische Folgen.
Denn solche Menschen konnten sagen, so legt Paulus es als Konsequenz nahe: »Lasst uns essen und trinken, denn morgen werden wir
sterben.« Wie begegnet Paulus dieser im vulgären Sinne epikurei-
schen »Moral«? Zu ihrer Überwindung argumentiert Paulus weder
innerweltlich-rational noch mit einer Grundsatzethik (wie Goldene
Regel; kategorischer Imperativ), sondern religiös mit geradezu »my-
thologischen« Kategorien. Er sagt: Wenn es keine Auferstehung gibt,
dann ist ein solcher Standpunkt ethisch vertretbar. So führt er vor-
ethische Kategorien ein und stellt als Orientierung Liebe, Verwandlung und Neue Schöpfung vor Augen.
»Verwandlung« ist, wie gesagt, in der Umwelt des Neuen Testaments ein beliebtes Wort, fast ein religiöses Modewort. Dem semanti-
schen Gehalt nach ist das Wort eher bescheiden und sagt nur etwas
über Veränderung. Für Griechen und Römer geschah die Verwandlung in Richtung Natur (Bäume, Lorbeerstrauch), für die Juden in
Richtung Engel, Himmel und Gott. Die Bedeutung der österlichen
Erfahrung von Schönheit kommt in diesem Osterhymnus der ortho-
doxen Kirche gut zum Ausdruck: »Das strahlende Licht der Gottheit,
das du als natürliche Schönheit schauest, ist in Wahrheit mehr als
nur Schönheit. O gesegnete Jungfrau, wir preisen ihn, den du gebo-

ren ...«. Das bedeutet: Wenn Menschen durch Ostern angesteckt sind, handeln sie bereits aus der Kraft der Neuen Schöpfung heraus und werden ihr immer ähnlicher. Nicht selten wird in der traditionellen Theologie des 20. Jahrh. in diesem Zusammenhang auf den Kontrast von Indikativ und Imperativ hingewiesen. Diese Einteilung halte ich für falsch und auch an dieser Stelle nicht angemessen. Denn die beiden grammatischen Kategorien stehen streng getrennt voneinander; die entscheidende Frage ist gerade die, ob Ethik und Glaube so getrennt sind wie Indikativ und Imperativ. Gerade das aber ist in 1 Kor 15 nicht der Fall. Vielmehr sind die Angesprochenen in dem Prozess der Verwandlung schon mitten darin und gewinnen durch ihre Handlung immer mehr Anteil. Es ist wie ein Zirkel von Gabe und Tun.

Anthropologische Grundlagen

MENSCHENBILD

Im Rahmen unseres Themas sind aus dem weiten Feld des christlichen Menschenbildes folgende Aspekte besonders wichtig: Der Mensch wird als einer verstanden, der den Arzt braucht. Gott ist dieser Arzt, seine Gebote sind die Medikamente zum Leben. Im frühen Christentum wird das überboten: Er selbst ist, ein Stück Brot geworden, Medikament der Unsterblichkeit. – Die Konsequenz aus alledem: Nicht das pure Am-Leben-Sein ist wichtig, das bloße Vegetieren, sondern alles liegt an der Qualität des Lebens. Dazu gehört insbesondere die Art der Leibhaftigkeit, die Ausstattung des Menschen mit einem Leib, der Leben genießen und sich in dessen Funktionen freuen kann. Die Ordnung, das Leitbild, ist in diesem Falle das gesunde, von Freude erfüllte Leben.

SEHEN

Das Mißverhältnis von Theologie und Ästhetik äußerte sich über lange Jahrzehnte des 20. Jahrhunderts darin, daß man »Schauen« für »griechisch« und entsprechend auf eine »statische« Seele und Welt

bezogen hielt, dagegen aber das biblische Betroffensein absetzte (vgl.
schon oben zur Ethik der Betroffenheit). In Wahrheit ist jedoch das
biblische Schauen weder ein Konsumieren noch ein Verobjektivieren,
noch ein lediglich passiv-rezeptives Verhalten.

Im Sinn der historischen Psychologie der Bibel gilt anderes als nach
modernem Verständnis: Wer das Licht betrachtet, wird vom Licht erfüllt. Ganz entsprechend: Wenn man eine Kunst erlernt, muß man
zum Lehrer aufblicken. Sehen bedeutet daher auf jeden Fall: Anteilhabe, Angleichen. Die Frage ist, wem man sich angleicht. Sage mir,
wen du betrachtest, auf wen du blickst, und ich sage dir, wer du bist.
Daher sagt Hebr 13,7 man solle die Lehrer nicht vergessen. »Blickt
auf das Ende ihres Lebens und nehmt ihre Treue zum Vorbild«. Dazu
bemerkt der Kommentator H. F. Weiss, das Wort »blicken« habe hier
den Sinn des »gerichteten, wiederholenden Sehens, also eine Art kontemplative Betrachtung, die das Betrachtete auf die Konsequenz der
eigenen Lebensführung hin bedenkt«.[1] Wendelin Steinbach (gest.
1320) schreibt in seinem Kommentar zur Stelle: »sequi in gloria« bedeute »imitari exempla«: Wer Anteil am Ruhm begehrt, muß nachahmen, was vorbildlich war.

Wenn es in Mt 5 heißt »Selig die reinen Herzens sind, denn sie werden Gott schauen«, dann meint Schauen hier die intensivste Form
von Gemeinschaft, die zwischen unterschiedlichen Personen möglich
ist. Ähnlich steht in biblischer Sprache »Erkennen« beispielsweise für
den engsten Kontakt zwischen Mann und Frau.

Versucht man, mit Hilfe der aristotelisch-thomistischen Begrifflichkeit den biblischen Sehvorgang zu rekonstruieren, so ergeben sich folgende Schritte:

vis receptiva: In der Gegenwart des Betrachteten läßt sich der Betrachter wie eine Wachstafel »beschreiben«.

imaginatio passiva: Es entsteht eine sinnliche Vorstellung.

memoria imaginativa: Der sinnliche Eindruck bleibt.

intellectus: Der Vorgang des Sehens wird begriffen und abstraktiv
zugeordnet.

splendor ordinis: Das Gesehene wirkt auf den Betrachter faszinie-

---

1 H.-F. Weiss, Der Brief an die Hebräer, Göttingen 1991, 712.

rend, es ist offen, klar und evident. Hier kommt es auf die Stärke dieser Beeindruckung an.

voluntas imitativa: Es entsteht der Wille, das Gesehene als Wert zu bejahen und nachzuahmen.

imaginatio activa: Der Betrachter wendet das Wahrgenommene auf neue Umstände an, transportiert es in seine eigene, neue Situation, und zwar in konstruktiver Zielsetzung.

spes: Das vor dem Betrachter liegende Ziel erscheint ihm als ein Gut, dem er sein Herz schenkt.

Der Vorteil dieser Analyse liegt aus meiner Sicht darin, daß hier mit einer dem frühen und mittleren Christentum relativ nahestehenden Begrifflichkeit der Versuch unternehmbar erscheint, das zu rekonstruieren, was Menschen dieser Jahrhunderte selbst wahrgenommen und zu ihrer Wahrnehmung gesagt haben könnten. Das scheint mir an dieser Stelle sinnvoller zu sein, als Entsprechendes mit Hilfe neuzeitlicher Sinnesphysiologie und -psychologie erheben zu wollen.

SPIELEN

Das Spiel und die Liturgie haben gemeinsam, daß sie je in einem ausgegrenzten Bereich sich ereignen. Sie bilden Wirklichkeit auf die Größe des Spielfeldes oder Platzes oder auf den Chorraum der Kirche hin »verkleinert« ab. Wenn so aber das Unfaßbare wenigstens im Abbild symbolisch faßlich wird, dann läßt es sich auch – gleichfalls symbolisch – neu regeln. Die Diskussion geht lediglich darum, wie ernsthaft, wie »wirklich« das Dargestellte ist. Beim Spielen »um Geld« wird es schnell ernsthaft. Und wenn die Regeln des Kultes von Gott selbst verordnet sind (wie das in beiden Teilen der Bibel der Fall ist), dann besteht kein Zweifel an der Effizienz des Dargestellten.

Indem im Kult das Drama zwischen Gott und Mensch positiv aufgelöst wird, geht von ihm die Macht aus, neu beginnen zu können. Denn der Kult stellt insbesondere die Kraft Gottes dar, die Folgen der alten Untaten gnädig aufzuheben. Die Metaphorisierung des Lebens bedeutet daher, daß es insgesamt neu geregelt werden kann.

Dabei wird jeweils die Möglichkeit der kultisch-rituellen »Abwicklung« als Gnade aufgefaßt. Denn in jedem Falle besteht die Regel der Unverhältnismäßigkeit. Für unverhältnismäßig Geringes, das Gott im Kult »angeboten« wird, schenkt er dann Großes. Das gilt insbesondere, seitdem (im Alten Testament seit Isaaks Opferung) Menschenopfer verboten sind. Dem Spiel und dem Ritus eignet der Charakter der Ästhetik, d. h. beide stehen und fallen damit, daß es sich jeweils um einen geschlossenen, faßbaren, überschaubaren, anschaubaren Vorgang handelt. Spielen ist zumeist Handeln mit extrem abgeschwächten Konsequenzen.

Aber welche Beziehung besteht zur Ethik? Im Spiel gelten die Spielregeln. Im Bereich des Kultes werden die Folgen des außerkultischen Handelns aufgehoben; der Kult spielt daher die Wirklichkeit »zu Ende«, und zwar unter den Augen des gnädigen Gottes. Man kann sagen: So wie in der kultischen Vergebung der einzelne Mensch saniert wird, wird im Gericht die ganze Welt saniert, und zwar als Weltordnung.

Was ist daran ästhetisch? In beiden Fällen geht es um eine Veranstaltung, in der Gerechtigkeit wirklich wird. Einen sichtbaren Akt, in dem die Wiederherstellung der Ordnung in Szene gesetzt wird.

Was ist daran ethisch? Man sieht den Täter nicht von der Tat getrennt und die Tat nicht ohne die Folgen. Die durch Fehlverhalten gestörte Ordnung wird durch besondere Aktionen saniert. Insofern steht die »Ethik« nicht allein, sondern im (heilsamen) Kontext von Verletzung und Heilung.

INSTITUTIONEN

Man spricht von »Glanz (und Elend)« der Institutionen. Institutionen leben vom sozialen Ansehen. Entweder sind Glaubwürdigkeit und Legitimität, die sie ausstrahlen, evident – oder sie sind es nicht. Die Ästhetik der Institution gründet sich daher genau auf den Elementen, die wir auch im bibelgriechischen Gebrauch von »Glanz« ermitteln konnten. Öffentlichkeit, Ansehen (moralisches und fachliches), Tradition und glaubwürdige Vertreter begründen hier einmal auf besondere Weise Macht. Daß diese sich auch wirklich ästhetisch im engeren Sinn äußert, kann man heute noch erfahren, wenn man zum Beispiel einer Promotionsfeier an der Universität Leiden (Niederlande) beiwohnt. Denn ausnahmsweise wird hier nicht nur schöner Schein entfaltet, es gibt auch fundierte institutionelle Schönheit, also eine Art legitimer feierlicher Selbstinszenierung. Gewiß ein Spiel – wie der Wiener Opernball auch –, aber eines, bei dem es keine Verlierer gibt, im Gegenteil, bei dem die Inszenierung eine sehr barmherzige Rolle ausüben kann, wenn menschliche Defizite sichtbar werden. So ist es oft eine Erlösung für den disputierenden Doktoranden, wenn nach genau 60 Minuten der Pedell die Saaltür öffnet und hineinruft »Hora est« (»Es ist soweit«).

Religion

NACHAHMUNG UND OFFENSIVE DYNAMIK

Wer »vom Glanz der Ordnung« lebt, bezieht sein Handeln auf ein Sein, auf etwas Bestehendes. Die Lebenskunst besteht dann darin, dieses Vorgegebene, das wir Ordnung nennen, nachzuahmen. Ästhetisch ist dabei der ständige Blick auf das Vor- oder Urbild. In der Tradition(sgeschichte) wird dieses zum Teil explizit als Vision geschildert.

Wegen der ästhetischen Orientierung handelt es sich bei dieser Ethik um einen Weg »von außen nach innen«.

DIE ALTORIENTALISCHE BASIS

Der Alte Orient kennt eine ausgeprägte Denkrichtung, wonach die »Vorlage«, das Urbild und Vorbild, gewissermaßen die Blaupause für den irdischen Tempel ein entsprechendes Heiligtum im Himmel ist. Diese Tradition hat ihre Spur im Alten Testament hinterlassen, wo Entsprechendes über den Tempel in Jerusalem gesagt wird.

Sie gilt auch im Hebräerbrief (8,2), wo für die Gegenüberstellung von himmlischem und irdischem Heiligtum ausdrücklich Nu 24 zitiert wird. Das Judentum weitet diese Konzeption aus: Wir finden sie in der Vaterunserbitte »Dein Wille geschehe, wie es bereits im Himmel geschieht, so möge es auch auf Erden sein« und in dem rabbinischen Grundsatz »Wie im Himmel, so auf Erden«.

Die tempel-, bzw. heiligtumsbezogene Grundvorstellung wirkt

weiter bis hinein in mittelalterliche Gründungslegenden von wichtigen Kirchen: Der Stifter schaut in einer Vision ein himmlisches Urbild der Kirche, die er dann, genau am Ort der Vision, errichten wird. Der theologische Sinn dieser Konzeption ist: Der heilige Ort und der Bau, der auf ihm steht, auf Erden besteht nicht zufällig, sondern ist legitimiert als Abbild des himmlischen.

Auf Erden ist aber gerade deshalb das Heiligtum je und je Mitte der ganzen Erde. Aus diesem Grund überträgt das Judentum die Vorstellung vom Nabel der Erde auf Jerusalem.

Als Mittelpunkt der Erde aber ist das Heiligtum nicht statisch zu denken, sondern in seiner Heiligkeit dynamisch und expansiv. Jedenfalls für jüdisches Verständnis ist die Heiligkeit des Tempels vergleichbar dem Stein, den man in einen Teich wirft und der um die Einschlagstelle herum dann wegen des Wasserdrucks konzentrische Kreise bildet. Das Ziel dieser expansiven Wellenbewegung ist daher, daß das Ganze von der Heiligkeit des Zentrums erreicht wird. Diese Grundvorstellung beherrscht die Rede vom Reich Gottes, das sich ausbreitet; bekannt ist zum Beispiel das Bild des Sauerteigs, der sich sukzessive durchsetzt.

Ebenso gilt sie aber auch in 1 Kor 15,30, wonach am Ende eben »Gott alles in allem« sein wird. Denn dann hat er alles mit sich, d.h. mit seiner heiligen Gegenwart erreicht, durchdrungen und für sein Reich erobert.

Vom Heiligtum geht daher eine offensive Kraft aus, wie wir sie etwa in 1 Kor 7,14 im kleinen dargestellt finden: Durch Kontakt mit dem, der heilig ist, werden andere geheiligt.

Schon hier fällt auf, wie stark im frühen Christentum der teilweise explizite Rückgriff auf diese archaischen Vorstellungen ausgeprägt ist.

ZWEIERLEI ETHIK

Große Teile des sogenannten Alten Testaments sind geprägt durch den – komplementären – Gegensatz des Prophetischen und des Priesterlich-Kultischen. Im folgenden ist nicht historisch-archäologisch, sondern exemplarisch und typologisch von diesem Gegensatz die Rede. Für symptomatisch halte ich in diesem Sinn etwa: Barmherzigkeit steht gegen Opfer. Da auch priesterliche Überlieferungen (etwa die sogenannte »Priesterschrift« im Pentateuch) ethische Regeln enthalten, könnte eine gewisse Berechtigung bestehen, einen priesterlichen Typus von Ethik dem typisch prophetischen gegenüberzustellen. Der prophetische Typus von Ethik hat demnach diese Gestalt: Hören – Herz – Hand (Tat). Der priesterliche Typus dagegen hat folgende Gestalt: Sehen – Kleid – Hand (Tat) – Herz. *Zur Erläuterung:* Die Aufforderung zu hören ist ein klassischer Anfang prophetischer Mahnrede. Entscheidend ist der Weg vom Ohr zum Herzen; dieses ist Zentrum des Willens, und mit dem Herzen und aller Kraft soll der Israelit Gott lieben und seine Gebote halten. Wenn das Herz nur will, ist die Tat kein Problem mehr. Diesen prophetischen »Idealweg« kann man auch Gehorsam nennen. Auffälligerweise fehlt im Neuen Testament der Aufruf zum Hören fast ganz. In den Evangelien steht er nur beim Zitat von Dtn 6,4 f. – Der gefährdete Punkt ist die Umsetzung des Gehörten in die Tat. Das Herz trägt dabei die volle Last.

Der priesterliche Typus dagegen orientiert sich nicht am Hören, sondern am Sehen. Klassisch ist der Ruf: »Seid heilig, wie ich heilig bin« (Lev 19,2). Was aber Heiligsein Gottes bedeutete, konnte man am Heiligtum sehen, an den Höfen und strengen Abteilungen des Jerusalemer Tempels. Die Priester sind gehalten, sich an diese Einteilungen zu halten. Und ob ein Tier rein oder unrein ist, ob es rite geschächtet ist oder nicht, konnte man sehen. – Wer als Mensch heilig sein will, kleidet sich priesterlich. Die Überreichung der priesterlichen Gewänder gehört wesentlich zur Installation eines Priesters. Bei Taufe (Taufkleid) und Priesterweihe (Gewänder) haben sich diese Elemente unverfälscht, christlich-sakramental uminterpretiert, erhalten.

Wenn der Priester mit den heiligen Gewändern bekleidet ist, soll er seinem Status gemäß handeln. Er soll nachmachen, was man als Priester tut – nicht mehr und nicht weniger. Priesterliches Handeln ist stets Nachahmung. Das nachahmende Handeln kann und soll dabei auch das Herz erreichen, und zwar so, daß das Herz in den Rhythmus des Tuns einstimmt. Das, was der Mensch tut, wird auch sein Herz bewegen, er wird im Tun merken, daß sein Tun sinnvoll ist. Gefährlich ist es nur, wenn das Herz unbeteiligt bleibt, so daß es nicht in den Rhythmus des Tuns einschwingt. Die Propheten weisen immer wieder darauf hin, daß das Tun das Innere unberührt läßt und daher im prophetischen Verständnis sinnlos ist. Um es mit späterer Begrifflichkeit zu sagen: Es wird ein Tun daraus, das zwar rechtsgültig, aber leer ist.

AUSSEN UND INNEN

Man kann sagen: Der Weg der priesterlichen Ethik geht von außen nach innen. So ist übrigens auch die Reinheit aufgefaßt: Sie wirkt durch Kontamination, wie durch Ansteckung, jedenfalls äußerlich. Gerade auch Paulus ist dieser Gedanke nicht unbekannt: Nach 1 Kor 7,14 ist Heiligkeit ansteckend: Wer als Ungetaufter mit einem Getauften zusammenlebt, wird durch das pure Zusammenleben »angesteckt«, geheiligt. Das kann, wie Paulus dann weiter ausführt, der Weg ins Innere und zum Herzen und zur Rettung sein, aber die Heiligung geschieht zunächst einmal unabhängig davon. – Die konstitutive »Ähnlichkeit mit . . .« wird äußerlich, also im kultischen Drama, angeeignet.

Prophetische Ethik dagegen geht von innen nach außen. Sie ist »Überzeugungsethik« und insofern die Großmutter der neuzeitlichen Gewissensethik.

DER URCHRISTLICHE BEITRAG ZU DIESER ALTERNATIVE

Erstaunlicherweise besteht der Beitrag des frühen Christentums zur Ethik in einer Wiederaufnahme der archaischen priesterlich-kultischen Form der Begründung der Ethik aus Nachahmung des Heiligen. Denn detaillierte Einzelanweisungen sind bei Jesus selten und haben selbst auch christologische Grundlagen (wie die Rede vom Bräutigam und das Verbot der Ehescheidung). Nein, die große Masse der Mahnungen Jesu sind Aufforderungen zur Nachfolge. Diese Nachfolge aber ist im wesentlichen Hinterhergehen und Nachmachen, und zwar wörtlich. Das läßt sich an vielen einzelnen Punkten zeigen:

So wie Jesus sich von seiner Verwandtschaft trennt, fordert er von den Jüngern radikale und plötzliche Aufgabe ihrer Familie; so wie Jesus den Weg zur Kreuzigung geht, fordert er seine Jünger auf, mit dem ersten Schritt in der Nachfolge »das Kreuz auf sich zu nehmen«. So wie Jesus die Jünger bei Tisch findet und ihnen die Füße wäscht, fordert er die Jünger auf, das gleiche zu tun. So wie der Menschensohn keinen Ort hat, wohin er sein Haupt zur Ruhe legen kann, sind auch die Jünger heimatlos. So wie Jesus gehaßt wird, werden die Menschen es auch den Jüngern antun.

Daß Jesus hier nicht den prophetischen Weg über das Herz geht, sondern den archaischeren des Nachahmens, zeigt gerade das erste Wort, das Nachfolge betrifft. Jesus läßt den Jüngern gar keine Zeit, zur Besinnung zu kommen. Er fordert sie einfach auf, ihm nachzufolgen und erlaubt noch nicht einmal den Abschied von den Eltern. »Und sofort standen sie auf, ließen ihre Netze fallen und folgten ihm nach«. Die Szene erinnert mich immer an Isaaks Brautwerbung, wo steht: »Und er nahm sie und sie wurde seine Frau. Und er gewann sie lieb«. Erst die Heirat, dann die Liebe. Erst die Nachfolge, dann kann man sich glücklich fühlen. Nach dem Motto: Wenn ihr tut, was ich tue, wird euer Herz im Laufe der Zeit erkennen, was ihr gewonnen habt.

Diese Art von Ethik ist uns sehr fremd, aber sie hat unbestreitbare Vorzüge. Wie fremd sie uns ist, das zeigt das Beispiel der Taufe. Heutige Eltern sagen: Unser Kind soll warten, bis es religionsmündig ist, und dann selbst entscheiden. Aber die Freude kann doch erst kommen, wenn man in der Sache darin ist. Sonst ergeht es einem wie Buridans Esel.

So ist bei Jesus ganz klar das Handeln des Jüngers eine Folge des Jünger-Seins. In der nachahmenden Nachfolge Jesu wird das harte Herz weichgeklopft, so daß es dann auch demütig sein kann und auf Gewalt verzichtet. Aber die Lebensform geht voran.

KULTISCH-PRIESTERLICHE ETHIK BEI PAULUS UND IN SEINEM UMKREIS

In seinem mutmaßlich ältesten Brief begründet Paulus seine Ethik wie folgt: »Dies ist der Wille Gottes, eure Heiligung … denn Gott hat seinen heiligen Geist in euer Herz gelegt.« (1 Thess 4,4-8) Die Mahnrede des Paulus hat daher eine sakralrechtliche Grundlage. Die Christen sollen sich ihrem Status als Heilige gemäß verhalten. Begründet wird dieses bei Paulus entweder mit der Sühne durch den stellvertretenden Tod Jesu oder dadurch, daß die Christen durch den innewohnenden Geist Gottes zu Gottes Tempel geworden sind. In dieser sakralrechtlichen Grundlegung spielt die Taufe eine wichtige Rolle. Die Gewandmetaphorik, die Paulus in Gal 3,27 verwendet (Christus anziehen), weist wiederum auf den kultisch-sakralen Bereich. Das ist alles bekannt. Wichtig ist hier nur, daß dieses alles die Basis der Ethik ist. Schlagender Beweis ist die Bedeutung der Gewand-Metaphorik in Röm 13,13 f.

VERBINDUNGSLINIEN ZWISCHEN EVANGELIEN UND PAULUS

Für Jesus ist der Beginn der Jüngerschaft, das Kreuz auf sich zu nehmen. Und das heißt doch: das Zeichen der Schande zu tragen, den Wertmaßstäben der bürgerlichen Gesellschaft den Abschied geben. – Für Paulus ist die Taufe, der Beginn des Christseins, mit Christus gekreuzigt zu werden. In beiden Fällen ist das Kreuz Zeichen für einen radikalen Abschied. Dieser ist nicht Resultat eines langen Überlegens, sondern ganz »punktuell« gedacht, Startpunkt für einen anderen Lebensstil, der sich grundlegend unterscheidet.

Zugleich wird hier die enge Verbindung von »Nachahmungsethik« und Sakrament mit Händen greifbar.

Überdies hat man schon lange beobachtet, daß dem Nachfolgen der Evangelien das Nachahmen bei Paulus entspricht. Des öfteren findet sich bei Paulus geradezu eine Kette der Nachahmung: Christus – Apostel – Gemeinde. Der eine ahmt jeweils den anderen nach.

SAKRAMENTE UND ETHIK

Schon von ihrer Erscheinungsform her sind die Sakramente eher der kultischen Dimension zuzurechnen. In ihnen wird Kultisches insbesondere metaphorisch vollzogen, daher spricht man von ritualisierten Metaphern.

Alle Sakramente haben eine besondere zeitliche Dimension: Sie stehen am Anfang oder am Neuanfang oder signalisieren eine neue qualitative Dimension (Abendmahl). Sie haben aber alle auch eine ethische Seite, und deshalb sind sie hier interessant.

Vom Alten Testament her gesehen, sind alle Sakramente eine Art Priesterweihe, eine in einem Akt vollzogene Heiligung, die einzelne Glieder des Gottesvolkes betrifft oder Menschen dazu macht. Insofern begründet oder verstärkt jedes Sakrament den Status des Heiligen.

In ethischer Hinsicht bedeutet das folgendes: Im Sakrament vollzieht sich kompakt und konzentriert, also punktuell, was sich dann durativ entfaltet, und in dieser Entfaltung spielt die Ethik eine Rolle. Ich denke zum Beispiel an die Ehe. Im Sakrament der Eheschließung wird das kompakt begründet, was sich als Verhalten der Bundestreue dann ein Leben lang entfaltet.

Oder das Sakrament der Buße: Es erneuert die Zugehörigkeit und den Zugang, der Taufe ähnlich. Es kommt dann alles darauf an, daß sich dieses Neuwerden auch entfaltet.

In der Taufe Christus anzuziehen (Gal 3,27) bedeutet auch den neuen Menschen anzuziehen oder Werkzeuge des Lichts in die Hand zu nehmen.

PHARISÄERTUM ALS WURZEL?

Tendenziell ist das Verständnis kultischer Reinheit nicht auf das Äußerliche beschränkt, sondern zielt darauf, eben »ganz« rein zu sein. Wir gehen sicher nicht fehl, wenn wir die unmittelbare theologiegeschichtliche Wurzel für diesen Ansatz im Pharisäismus annehmen. Die Pharisäer sind Laien, die priesterliche Reinheitsvorschriften in den Alltag übertragen und auf ihre Weise radikalisieren. Die Diskussion in Mk 7 erweist sich daher letztlich als eine innerhalb der pharisäischen Anliegen von radikaler Reinheit. Jesus teilt das Anliegen der Reinheit, nur er nimmt sie auch und gerade im Herzen an. Hat er sich damit grundsätzlich von der kultisch-priesterlichen Ethik entfernt? Die prophetischen Elemente (auch in der Polemik und Kritik) in Mk 7 sind unübersehbar. Die Position Jesu kann man hier wohl so beschreiben: Wenn man das pharisäische Ziel umfassender Reinheit wirklich radikal betreibt, dann konvergiert es mit dem prophetischen Ziel der Lauterkeit des Herzens. Als radikaler Pharisäer durchbricht Jesus hier die Trennwand zwischen kultischer und prophetischer Ethik. Mit dem Pharisäismus teilt Jesus weiterhin die Gewissenhaftigkeit in der Frage des Zugangs zu Gott. Die prophetische Kritik ist für ihn ein Mittel, den kultischen Weg der bloßen Abgren-

zung zu überspringen. Bei den Sakramenten im Verhältnis zur Ethik
wird sich die Komplementarität von Kultischem und Prophetischem
anders verteilen: Das Sakrament ist (auch in Wiederholung) kultische
Grundlegung, das christliche Handeln muß sich dann immer wieder
im prophetischen Sinn auf Echtheit befragen lassen.

Anders als bei den Pharisäern – soweit sie uns in ihren Anfängen
bekannt sind – hat bei Jesus der Besitzverzicht eine Schlüsselfunktion
in der Frage der Nachahmung und Ethik:

BESITZVERZICHT: NACHAHMUNG UND HERZENSETHIK

Im radikalen Verzicht auf Eigentum unterscheiden sich Jesus und
seine Jünger vom Pharisäismus. Dieser Unterschied ist insofern lo-
gisch, als Eigentum nicht zur Frage ritueller Reinheit gehört. Traditionell sind Fragen von Arm und Reich, Ausbeutung und Almosen
Fragen prophetischer Art. Doch bei Jesus hat der Besitzverzicht eine
Schlüsselstellung inne. Er ist einerseits Grunderfordernis der Nachfolge als Nachahmung. Und andererseits zeigen Texte wie der Bericht
über den reichen Jüngling und das Wort vom Schatz und vom Herz
sehr klar, daß zwischen Besitz und Herz eine enge Verbindung besteht, die für Jesus als Kriterium der Ernsthaftigkeit der Nachfolge
besonders wichtig ist. Einerseits ist Besitzverzicht eine grundsätzliche
Lebensform, die an einem Punkt beginnt und in die man erst hinein-
wachsen muß. Andererseits kommt es gerade bei der Frage des Besitzes wirklich auf das Herz an. Und es gibt kein eindeutigeres Zeichen
für herzliche Frömmigkeit als den Besitzverzicht. Insofern konvergie-
ren hier die prophetische und die kultische Linie. (Daher hat sich
auch später Besitzverzicht immer wieder mit dem liturgisch-kultisch
orientierten Mönchtum verbunden.)

ERNEUERUNG DES ARCHAISCHEN

Unsere Untersuchung brachte zutage, daß im frühen Christentum in
mehrfacher Weise eine archaische Weise der Begründung von Ethik
auf der Basis kultischer Ordnung wiederaufgegriffen wurde. Wir sahen, daß dieses in der Nachfolge und Nachahmung Jesu, in der Konzeption der Heiligkeit der Christen, in der Auffassung von Sühnetod

und Heiligem Geist, sodann in den Sakramenten und wiederholt in liturgisch-dramatischen Akten inszeniert wird.

Die Grundpfeiler dieser Weltsicht sind:
- Totalität bzw. Integration: Wer im Kult vor Gott tritt, will und muß ganz rein, ganz heilig sein;
- der Weg von außen nach innen durch Nachahmung und als Kontaktübertragung durch Lebensgemeinschaft (Mit-Sein);
- das demütige Staunen als angemessene Reaktion des Menschen (heute oft in Gestalt des Tourismus säkularisiert).

WEITERLEBEN DER FRÜHCHRISTLICHEN KONZEPTION

Die zentrale Rolle der Begründung des neuen Lebens durch das neue Gewand lebt vor allem in den differenzierten Phasen der sogenannten Mönchsweihe fort. Jedenfalls bedeutet die Einkleidung, der Akt der Verleihung des Habits, einen sehr entscheidenden Punkt in der Begründung der neuen monastischen Existenz.

Zum anderen gibt es ein eindrückliches liturgisches Zeugnis des Weiterlebens der kultisch begründeten und verstandenen Nachfolge im sogenannten Tanzlied; es handelt sich um ein liturgisches Drama aus dem 2. Jahrhundert n. Chr.: Der Priester steht in der Mitte eines Kreises und spielt den »Christus«, um ihn herum stehen, ihn nachahmend, die Jünger.

EXKURS

Die Kapitel 94-97 der Acta Ioannis (3. Jh. n. Chr.) enthalten das sogenannte Tanzlied. Bevor Jesu Leiden beginnt, erklärt er in einem Rollenspiel den Jüngern den Sinn dieses Leidens.

Es handelt sich wohl um ein übernommenes liturgisches Stück. Darauf weisen vom Kontext der Johannesakten unabhängige Zitate aus dem Lied bei Augustinus (Brief 237,5-9), darauf weist aber jetzt vor allem der neu gefundene Text des »Unbekannten Berliner Evangeliums«. Denn dieses beschreibt dieselbe Situation und bringt in Kap. 10 und 11 dieselbe Art von Hymnus (Aufbau zweiteiliger Aussagen) mit dem Refrain der Jünger »Amen«. Den Ausdruck »Die Gnade tanzt« (4,1) kennt auch der Diognetbrief in 11,6.

Theologie: Der Vollzug des Tanzlieds vermittelt Einsicht in das Leiden Christi und ist zugleich Teilhabe an ihm. Man kann daher sagen: Der Tanz der Jünger um den Tanzmeister Jesus herum hat hier »sakramentalen« Charakter. In Kapitel 3 unserer Zählung geht es besonders um die heilsvermittelnde Funktion Jesu. Dem entspricht, daß der Zeige-Charakter des ganzen Tanzes einfach als Mysterium bezeichnet wird, und auch das Geheimhaltungsverbot für Mysterien darf nicht fehlen (6,2). Der Tanz gilt auch in Mysterienkulten im Umfeld des Neuen Testaments als Initiation. Das Verstehen des Leidens ist zugleich dessen Überwindung.

In der Christologie werden im Tanzlied »hymnisch« erste Schritte in Richtung einer Zwei-Naturen-Lehre gewagt (vgl. 6,10).

Der Hymnus Christi (»Tanzlied«)

1

[94] (1) Bevor die bösen Juden Jesus ergriffen, die ihr Gesetz von einer bösen Schlange haben, versammelte Jesus uns alle und sagte: (2) Bevor ich jenen Menschen übergeben werde, wollen wir den Vater in einem Hymnus besingen und auf das zugehen, was vor uns liegt. (3) Er ließ uns einen Kreis bilden, indem wir einander bei den Händen hielten. (4) Er trat selbst in die Mitte und sagte: Antwortet mir mit Amen. (5) Jesus begann den Hymnus zu singen:

2

(1) Ehre sei dir Vater
    Und wir bildeten einen Kreis und antworteten ihm: Amen
Ehre sei dir, Logos,
Ehre sei dir, Gnade. – Amen
Ehre sei dir, Geist,
Ehre sei dir, Heiliger,
Ehre sei deiner Herrlichkeit. – Amen
(2) Wir loben dich, Vater,
Wir danken dir, du Licht ohne Finsternis. – Amen
[95] Wofür wir danken, sage ich:

3
(1) Gerettet werden will ich
   und retten will ich. – Amen
(2) Erlöst werden will ich
   und erlösen will ich. – Amen
(3) Verwundet werden will ich
   und verwunden will ich. – Amen
(4) Gezeugt werden will ich
   und zeugen will ich. – Amen
(5) Essen will ich
   und genossen werden will ich. – Amen
(6) Hören will ich
   und gehört werden will ich. – Amen
(7) Verstanden werden will ich,
   ich bin selbst ganz Verstehen. – Amen
(8) Gewaschen werden will ich
   und waschen will ich. – Amen

4
(1) Die Gnade tanzt.
(2) Flöten will ich,
tanzt alle. – Amen
(3) Ein Klagelied singen will ich,
schlagt an eure Brust alle. – Amen
(4) Die eine, einzige Achtheit
lobsingt mit uns. – Amen
(5) Die Zwölfzahl
tanzt im Himmel. – Amen
(6) Der ganze Himmel
kann tanzen. – Amen
(7) Wer nicht tanzt,
der weiß nicht, was geschieht. – Amen

5
(1) Fliehen will ich
und bleiben will ich. – Amen
(2) Schmücken will ich
und geschmückt werden will ich.

(3) Geeint werden will ich
und einen will ich.
(4) Ein Haus habe ich nicht,
doch Häuser habe ich. – Amen
(5) Einen Platz habe ich nicht,
doch Plätze habe ich. – Amen
(6) Einen Tempel habe ich nicht,
doch Tempel habe ich. – Amen
(7) Ein Licht bin ich für dich,
wenn du mich siehst. – Amen
(8) Ein Spiegel bin ich für dich,
wenn du mich verstehst. – Amen
(9) Eine Tür bin ich für dich,
wenn du bei mir anklopfst. – Amen
(10) Ein Weg bin ich für dich
auf der Wanderschaft. – Amen

6
[96] (1) Wenn du meinem
Chortanz folgst,
dann sprichst du
mit mir, in meiner Kraft.
(2) Wenn du zuschaust
und meine Mysterien nachvollziehst,
dann schweig über sie.
(3) Wenn du tanzt,
bedenke, was ich tue,
denn dieses Leiden eines Menschen,
das ich jetzt leiden werde,
ist dein Leiden.
(4) Denn du könntest gar nicht sehen,
was du leidest,
wäre ich dir nicht als das Wort
vom Vater gesandt.
(5) Du siehst, was ich leide,
du hast mich leiden sehen.
Und als du es sahst,

bliebst du nicht stehen,
sondern wurdest ganz in Bewegung versetzt.
(6) Bewegt wurdest du, um weise zu machen,
doch du hast ein Ruhelager.
Ruhe aus bei mir.
(7) Wer ich bin,
das wirst du verstehen, wenn ich weggehe.
Was man jetzt an mir sieht,
das bin ich nicht.
Du wirst es sehen,
wenn du selbst kommst.
(8) Wenn du um mein Leiden wüßtest,
dann hättest du die Freiheit vom Leiden.
Erkenne das Leiden,
dann wirst du vom Leiden frei sein.
(9) Was du nicht weißt,
will ich selbst dich lehren.
(10) Dein Gott bin ich,
nicht des Verräters.
(11) Ich will mit heiligen Seelen
im Einklang stehen.
(12) Erkenne das weise Wort.
(13) Sag es mir nochmals:
Ehre sei dir, Vater,
Ehre sei dir, Wort,
Ehre sei dir, Heiliger Geist.
(14) Wenn du mein Denken erlernen willst,
Das ganze Wort habe ich als Spiel aufgeführt
und bin doch nicht beschämt worden.
(15) Ich habe gehüpft,
doch du begreife das Ganze.
Wenn du es begriffen hast, sag:
Ehre sei dir, Vater. – Amen

[97] Nachdem er, ihr Lieben, mit uns getanzt hatte, ging der Herr
weg. Wir waren wie Verirrte oder wie Schlaftrunkene auf der Flucht,
der eine hierhin, der andere dorthin.

Ergebnis: Das Tanzlied ist nicht so isoliert, wie es zunächst scheint. Die christliche Existenz wird als Nachahmung des leidenden Erlösers verstanden. Dieses Form der Botschaft wird durch ein liturgisches Rollenspiel anschaulich vermittelt. Das Tanzlied ist daher der Glücksfall einer ästhetisch-dramaturgischen Vermittlung der Botschaft. Die äußere Nachahmung ist im Kult noch einmal abstrahiert.

SAKRAMENTE ALS INSZENIERUNG DER BOTSCHAFT

Nach dem Verständnis der Taufe von Röm 6 wird auch das Mit-Sterben mit Christus durch ein liturgisch-nachahmendes Geschehen dargestellt und punktuell vermittelt. In der Übersetzung Berger/Nord kommt das so zum Ausdruck: (3) Da wir bei der Taufe Jesus, dem Messias, übereignet wurden, haben wir auch teil an seinem Tod. (4) [Das wird dadurch sinnfällig gemacht], daß wir in das Taufwasser hineinsteigen wie in ein Grab[1]. Und wie der Messias aus Toten auferweckt wurde, indem Gottes Herrlichkeit ihn berührte, bekleidete und verwandelte, so sollen auch wir, [wenn wir aus dem Taufwasser wieder heraussteigen,] ein neues Leben führen. (5) Wenn wir also sein Sterben und seinen Tod [im Taufritus] nachvollziehen, soll und wird es mit seiner Auferstehung genauso sein. (6) Wenn wir mit Christus mitsterben, wird unser altes Ich mit ans Kreuz geschlagen, es ist nichts mehr wert und muß verschwinden (Röm 6,3-5).

DAS SCHICKSAL DER KULTISCHEN ETHIK
IN DER JÜNGEREN NEUZEIT

Mit dem Verlust des Rituellen versank auch die sakralrechtliche Basis der Ethik. Auf diesem Wege ist beides, stellvertretender Tod Jesu wie Heiliger Geist, in gleicher Weise unverständlich geworden.

Eine bedingungslos prophetische Ethik findet sich im 2. Jahrtausend besonders bei Savonarola und dann in Zweigen des liberalen

---

[1] Das Problem der Auslegung besteht hier darin: Was hat die Taufe zu tun mit dem »Mitbegrabenwerden« mit Christus »auf den Tod«? – Entweder betont man den Metanoia (Umkehr)-Aspekt der Taufe, dann ist sie wie Abschiednehmen und Sterben gegenüber allem in der Welt. Oder man orientiert sich über die Umkehr hinaus am Ritus. Wir sind dem letzteren gefolgt, weil Paulus hier auf den Ritus Bezug nimmt.

Protestantismus des 20. Jahrhunderts. Diese neuprophetische Ethik begreift sich stets als »revolutionär«, ihr Hauptproblem ist jedoch anthropologischer Art: Wer oder was schützt den Menschen davor, die gesteckten Ideale bis zur Unkenntlichkeit zu ermäßigen und umzuinterpretieren?

DIE HERLEITUNG EINER ETHIK
AUS DEM KULTISCHEN BEREICH

Zur Erinnerung: Vom Zentrum des Heiligtums aus breitet sich die Herrschaft Gottes in konzentrischen Kreisen weiter aus. Der Bereich des Heiligen wird größer, der des Profanen wird weniger. Die beabsichtigte Expansion betrifft das Eigentumsrecht Gottes, damit seine Herrschaft und die Maßgeblichkeit seiner Gebote. Die Vorstellungen der Evangelien vom Reich Gottes – inklusive Überwindung der unreinen Geister – lassen sich gut von hier aus begründen.

Die Pharisäer hatten sich diesen Ansatz als priesterlich orientierte Laien mehr oder weniger zueigen gemacht. Sie stehen für das Milieu, in dem Jesus antritt. Im einzelnen sieht aus der Prämisse der »Expansion des Heiligen als des Eigentumsrechts Gottes« eine solche Ethik so aus:

Opfer: Nach Mk 10,45 versteht Jesus seine gesamte Existenz (inklusive Tod) als Sühne für alle. Auch die Dimension der Stellvertretung (durch den Gerechten) ist typisch kultisch.

Der (Ex-)Pharisäer Paulus hat keine Bedenken, die christliche Ethik im ganzen als »angemessenes Opfer« zu bezeichnen (Röm 12,1-3). Insbesondere die Kollekte nennt er so, und sich selbst bezeichnet er dabei als Opferpriester. Indem die Bergpredigt (Mt 6) über den Vollzug von Fasten, Beten und Almosen diskutiert, nimmt sie sich typisch priesterlicher Themen an.

Gewaltverzicht: Wenn Gott der Eigentümer ist, kommt ihm auch das Gewaltmonopol zu. Parallel zu den drei ersten Evangelien wird diese Konsequenz auch im slavischen Henochbuch (1. Jh. n. Chr., jüdischer Herkunft) im Rahmen priesterlichen Denkens vollzogen. In diesem Buch wird auch erkennbar, daß Gottes Recht am Blut aller Kreatur womöglich hinter der Aufforderung zum Gewaltverzicht steht.

Reinheit: Sowohl die Exorzismen als auch das Verhältnis Außen/

Innen stehen in den drei ersten Evangelien unter dem Aspekt der Reinheit. In Lk 11,38-41 und in den Weherufen allgemein wird der Versuch unternommen, auch die Frage des Besitzes zur Reinheitsthematik zu führen. Die sogenannte Tempelreinigung Jesu läßt diesen besonderen Ansatz Jesu noch einmal von anderer Seite her deutlich werden: Anbetung verträgt sich nicht mit Geschäftemachen.

Die sogenannten Antithesen der Bergpredigt gründen in Antithese I-IV auf der Reinheitsproblematik, in V-VI geht es um Gewaltverzicht. – Mit dem Bild der Stadt auf dem Berge wird schon zuvor eine Perspektive eröffnet, die direkte Assoziationen an Jerusalem und seinen Tempel weckt.

ZUSAMMENLEBEN MIT DEM HEILIGEN GOTT

Das Prinzip des Zusammenlebens nennt man in der Bibel »Gerechtheit« (hebr.: sedaqah). Das Wort bedeutet: Es jemandem ermöglichen, daß er mit einem zusammenleben kann. Denn zum Zusammenleben entschließen sich ja ursprünglich einander Fremde.

Gerechtheit ist die Summe dessen, was entsteht, wenn Gott und Mensch zusammenwohnen wollen.

Laut der alttestamentlichen Bundesformel ist gerade dieses aber Gottes alter, lang gehegter Wunsch: »Ich will ihr Gott sein, und sie sollen mein Volk sein . . ., ich will bei ihnen wohnen«.

Wenn Gott aber der Heilige ist, dann können nur Heilige mit ihm zusammen wohnen.

Den Ort des Wohnens nennt man dann Heiligtum.

Die Offenbarung des Sehers Johannes gibt gerade deshalb an, daß es im künftigen – vom Himmel herabgestiegenen – Jerusalem keinen Tempel gibt. Denn die ganze Stadt ist ein einziger Tempel. Und die Menschen, die dort wohnen, sind gereinigt und geheiligt durch das Blut des Lammes. Denn sie haben ihre »Kleider gewaschen« in diesem Blut und sind daher die reine, strahlende Braut.

Die Ethik der »Offenbarung des Johannes« bemißt sich daher danach, ob die Menschen in der Lage sind, wirklich mit dem heiligen Gott zusammen zu wohnen.

Hier also liegt das Prinzip einer Ethik der Konvivenz mit Gott.

Liturgische Ordnung

Es gibt Texte wie Phil 2,6-11, die trotz ihrer Kürze ein aufschlußreiches Wechselspiel angeben zwischen folgenden Dimensionen:
– ein unsichtbares himmlisches Geschehen (Erhöhung und Verherrlichung Jesu)
– zugänglich als Vision (nach Art der Ostervisionen; himmlische Szenerie wie Ps 110)
– wird im Gottesdienst Gegenwart (in der Kirche aus Heiden; Szene wird »besungen«)
– wird als erschaut und erlebt Einübung in moralisches Verhalten (Demut).

PHIL 2,6-11

»Kommt, laßt uns ihn anbeten!« – Für dieses Motto ist dieser Text wie gemacht.

Der Verfasser dieses (vielleicht vorpaulinischen) Hymnus sieht die christliche Gemeinde versammelt um den erhöhten Christus. Die Kniebeuge der ganzen Welt ist im Kern auch die Kniebeuge der versammelten Gemeinde vor dem Herrn. Christlicher Gottesdienst geschieht im Angesicht des Erhöhten. So wird in der Demut gegenüber dem Herrn auch die Demut überhaupt eingeübt. Im liturgischen Gestus der Unterwerfung wird vollzogen, was in der Mahnrede erwünscht ist. So bestehen Liturgie und Gemeindepraxis in lebendiger Verschränkung: Der Gottessohn selbst hat sich erniedrigt und wird erhöht. Die Gemeinde sieht den Erhöhten und beugt vor ihm demütig das Knie. Vor jedem Bruder und jeder Schwester ist jeder Christ demütig, das ist das Ziel der Mahnrede. – Jeder Christ hat dieses an Christus und in der Liturgie gelernt.

Die Versammlung vor dem Erhöhten hat ein visionäres Element, weil Liturgie nachvollzieht, was ein visionäres Grundgefüge hat: Der Erhöhte wird von allen Völkern gefeiert. Dieser Anfang der Liturgie der Gemeinde ist zugleich der Ausblick auf das Ende der Zeiten. So steht die Liturgie zwischen der Anfangs- und der Endvision, zwischen der Schau des Erhöhten und der Schau des Wiedergekommenen. Die liturgische Anbetung ist Überbrückung, Fortschreibung und Ersatz. Sie ist der wahre Ort zwischen den Zeiten. So ist dieser Text für mich kostbar, weil er mustergültig zeigt, wie christliches Verhalten an der Liturgie Maß nimmt. Hier wird es eingeübt. Das gilt von der Anbetung genauso wie vom gemeinsamen Mahl. Immer wirkt es wie Sauerteig für alle Völker.

Der Text Phil 2,6-11 weist auf die verhüllte Gegenwart des erhöhten Herrn. Dieses Sehen und doch zugleich Nicht-Sehen nenne ich das visionäre Element. In ihm erkenne ich genau das, was Theologie des Mittelalters den »splendor veritatis« (Glanz der Wahrheit) und den »splendor ordinis« (Glanz der Ordnung) nannte. Denn in dieser Weise ist Wahrheit nicht nur richtig und Ordnung nicht nur korrekt oder gerecht, sondern es tritt jenes Element hinzu, das weit über die Vernunft hinaus als das Unbedingte erfahren wird, das sich als Begeisterung äußert. Das ist eben nicht nur die Einsicht in die Richtigkeit, sondern der Jubel, die Begeisterung, das Gepacktsein vom Glanz, von der Herrlichkeit Gottes. So endet denn auch der »Hymnus« Phil 2,6-11: »zur Verherrlichung Gottes, des Vaters«. Denn dort, wo Gott seine Herrlichkeit erweist – an der Erhöhung Jesu Christi –, reflektiert dieses auf seine Herrlichkeit zurück. Gott hat seinen Sohn verherrlicht, und dafür lobt ihn die Gemeinde aus allen Völkern.

Unsere »kapitalistische«, von Machtkämpfen geschulte Logik würde das ganz anders sehen: Wer seinen Sohn so verherrlicht, schafft sich einen Konkurrenten. Oder religionsgeschichtlich gefragt: Wenn Gottvater einen zweiten neben sich mit göttlichen Ehren ausstattet – ist da nicht der Monotheismus gefährdet? Auch diese Frage ist allzu modern gedacht und geht davon aus, daß hier auch der Bruch mit dem Judentum liegen muß. Aber das ist eine verhängnisvolle Täuschung. Denn das Anliegen des Apostels Paulus ist nun wirklich alles andere als eine Zwei-Götter-Lehre. Wenn der Vater den Sohn verherrlicht, bleibt es die Herrlichkeit des einen und einzigen Gottes. Nur bleibt diese Herrlichkeit nicht bei einer Person, sondern umfaßt, erhellt nun zwei Personen – und demnächst alle Menschen. Man könnte allenfalls fragen, wo hier der heilige Geist bleibt. Antwort: Gott heiliger Geist wohnt im Lobpreis der versammelten Gemeinde, wie schon der Text des Psalms 21(22) formuliert: »habitans in laudibus Israel« »der du im Lobpreis Israels wohnst, gegenwärtig bist, wirkst«. Dieses wäre dann die zweite Selbsterniedrigung Gottes. Die eine wird hier ausdrücklich in 2,6 beschrieben: Jesus wird gehorsam. Die zweite ist die in der Sendung des heiligen Geistes geschehene: Gott ist sich nicht zu schade, als heiliger Geist im Herzen der Gemeinde und im Herzen es einzelnen zu wohnen. Ausdrücklich sagt Paulus das vor allem in 1 Kor.

Der Faktor Zeit

DER GLANZ DER ORDNUNG IN DER OFFENBARUNG DES JOHANNES

Daß es in der Schrift des Sehers Johannes um urchristliche Geschichtstheologie geht, ist allgemein bekannt. Weniger deutlich sind drei andere Punkte: Daß in dieser Schrift eine filigrane Ordnung der Ereignisse aufgebaut wird, daß diese Ordnung stets vom Himmel her kommt und zuläuft auf die gleichfalls vom Himmel her geschenkte Herrlichkeit des Neuen, himmlischen Jerusalem und daß diese Schrift eine strenge Ethik hat, die aus dem angegebenen Ziel der Geschichte gefolgert wird.

Die Ordnung der Ereignisse ist an der Zahlensymbolik geradezu abzählbar, und der Schritt von einer numerierten Station zur anderen ist jeweils ein Segment in der Geschichte der Endereignisse. Daher unterscheidet der Seher sieben Siegel, deren Inhalt je größer und folgenschwerer ist. Die ersten vier Siegel sind durch die vier apokalyptischen Reiter besetzt.

Dann folgen die sieben Posaunen, von denen die fünfte, sechste und siebte Posaune gleichzeitig das erste, zweite und dritte Wehe sind. In den Kapiteln 15-18 folgen die sieben Schalen des Zornes, und schließlich für tausend Jahre das Reich des Messias zusammen mit den auferstandenen Märtyrern. – In den Kapiteln 12-14 wird der Angriff der feindlichen Mächte geschildert, in Kapitel 19-21 werden die fünf Phasen der Endereignisse dargestellt. Von diesen Zahlen bedeutet die Drei eine gewisse Ganzheit und relative Vollzähligkeit, die Vier die innerweltliche Summe, Sieben die innerweltliche Vollkommenheit, Tausend die höchste erreichbare Perfektion. Die Zwölf dagegen signalisiert immer die absolute himmlische (»überirdische«) Vollkommenheit. Auch innerhalb der Welt kann die Zwölf daher nur Größen von endzeitlicher Qualität betreffen. Die Zwölf bestimmt die Maße des himmlischen Jerusalem.

Die Gliederung der Geschichte nach diesen Zahlen vermittelt zunächst die Gewißheit, daß Gott selbst der Herr der Geschichte ist. Denn sie ist – entgegen dem Anschein – nicht chaotisch und irrational, sondern Gott hat »alles nach Maß und Zahl und Gewicht geordnet« (Weish 11,20b). So verläuft die Geschichte auch dort, wo sie schrecklich zu sein scheint, genau nach Gottes Plan, und damit ist sie Zeugnis seiner Herrlichkeit. Deshalb kommt auch jede Phase der Geschichte vom Himmel, sei es in Gestalt von Engeln, die einen Auftrag von Gott bekommen, sei es als himmlisches Jerusalem, das auf die Erde kommt. Nach Apk 8 wird sogar himmlisches Feuer auf die Erde geworfen. Der Seher Johannes selbst wird durch himmlische Visionen von großer Schönheit instruiert, darunter sind die Vision des Menschensohnes in Kap. 1 und die des Thrones Gottes in Kap. 4 f.

Die zahlenmäßige Begrenzung der Segmente der Geschichte soll zweifellos den Lesern auch sagen, daß die Leiden in der Geschichte dieser Welt endlich sind. Nur für das himmlische Jerusalem wird keine Dauer angegeben.

Die Stelle Weish 11,20b über die Ordnung nach Maß, Zahl und Gewicht wird in der Theologie des Mittelalters immer als Ausdruck der Vollkommenheit des Weltregiments gesehen. Aber – unter veränderten Bedingungen gilt dieses auch für die Geschichtsphasen der Offenbarung des Sehers Johannes.

DIE ÄSTHETIK DER OFFENBARUNG DES JOHANNES

Das hat der Seher Johannes mit Jesus gemeinsam, der in Gleichnissen zu reden pflegte: Es wird keine Theorie verkündet, keine wahre Lehre und reine Idee, sondern die Sinnlichkeit des Himmels wird in wahrhafte und leibhaftige Konkurrenz gesetzt zur bestehenden Sinnlichkeit. Deshalb Bilder, Wunder, Heilungen und Visionen. Der Himmel ist kein blutleeres Gebilde, sondern neue, sinnliche Schöpfung. Und deshalb übrigens Liturgie.

Nach der Offenbarung ist Gebet wie Weihrauch, der vor Gott aufsteigt. Weihrauch also, wenn es »katholisch riecht«, Konkurrenz zu Zimt und Balsam, duftenden Hölzern und Ölen der bürgerlichen Welt, ein Stück keuscher Sinnlichkeit des Himmels. Weil der Mensch nicht nur hört und sieht, sondern auch riecht. Übrigens heißt Jesus deshalb der Christus, weil er der Gesalbte ist, wie Könige mit duftendem Öl gesalbt wurden. Ein Stück orientalischer Kultur des Geruchs und des Riechens. Die gewöhnlichen Ausleger von Apk 8 haben da ihre Schwierigkeiten mit dem Weihrauchaltar, auf dem die Gebete der Gemeinde wie Weihrauch verbrannt werden. Denn Weihrauch kann nur mit glühender Kohle zusammen funktionieren. Aus diesem Grunde also müssen nach Apk 8 Kohlen vom Brandopferaltar geholt werden. Warum dieses Bild? Weil Beten und Gebet nichts nur Privates ist und Religion nicht Privatsache. Wenn man einen Gegner hat wie das römische Reich mit einem Tyrannen namens Nero, dann ist jeder Christ und jede Christin der persönliche Staatsfeind des römischen Kaisers, dann ist jeder Gottesdienst leuchtender, weithin sichtbarer Protest gegen dieses System. Wenn man in Rom und anderswo dem Kaiser Weihrauch streute, bildlich oder in Wirklichkeit, dann ist das Beten der Christen wahrhaftiges Inszenieren einer Gegenwirklichkeit. Liturgie ist politisch, weil Politik liturgisch ist, und umgekehrt.

Nicht Gott braucht den Weihrauch, aber die Vision des Sehers setzt ein Zeichen für alle Christen und alle von Rom Unterdrückten, ein Zeichen, um das sie sich scharen können. Ein Zeichen, das wie ein Bekenntnis zur einzigen wirklichen Macht ist, die es gibt, zur Macht Gottes.

Weihrauch: ein Stück Luxus, wie übrigens auch Wein, Meßwein und Gold. Bibel und Liturgie gebrauchen diese luxuriösen Elemente, feiern auch das Abendmahl nicht mit Wasser, sondern mit Wein. Denn Wein ist ein Stück mehr als die bloße Notdurft, ein Stück Luxus, das besagt: Messianisch ist nicht das bloße Überleben, sondern die Qualität des Lebens. Nicht nackte Existenz, sondern Qualität ist hier alles. Daher auch die goldene Stadt, gegründet auf Edelsteinen.

Denn zur Sinnlichkeit des Himmels gehören nach der Offenbarung des Johannes vor allem auch die Edelsteine und ihr je verschiedener, leuchtender Glanz. In Kap. 21 werden sie alle aufgezählt: Saphir, Smaragd, Topas, Beryll, Amethyst, Karneol, im ganzen zwölf Grundsteine der himmlischen Stadt. Luther ließ sich für seine Übersetzung aus der kurfürstlichen Schatzkammer die Edelsteine kommen und erkundigte sich nach ihren Namen. Edelsteine – eine Wissenschaft und eine Kultur, die uns fast abhanden gekommen ist. Denn sie galten als beseelt und belebt, als heilend wie Medizin, sie konnten Orakel geben wie Urim und Thummim, sie haben ein tiefes, tröstliches Leuchten bei Nacht und in Not. Sie sind Stücke, Bruchstücke aus dem Paradies, sie allein und das Öl. Manche haben in sich eine Flüssigkeit, etwas wie ein Elixier verborgen, und am Ende der Zeiten wird Gott längst verborgene Edelsteine den Menschen wieder schenken. So ist es nach der Offenbarung beim himmlischen Jerusalem.

Warum wird der Himmel gerade so gezeichnet? Wie der Grundriß der römischen Kirche San Stefano in Rotondo, der Kirche der Ungarn in Rom? Immer wieder hat die Bibel Schuld, Verhängnis und Gericht am Tun und Ergehen der großen Städte dargestellt: Am Ende der Bibel steht die Vision einer ganz neuen Stadt, einer neuen urbanen Gemeinschaft Gottes und der Menschen. Im Unterschied zum Elend und falschen Glanz der herrschaftlichen Großstädte aller Zeiten die kritische Alternative. Die Mauern sind nurmehr zum Schmuck da, die Tore sind offen. Bedrohung und Bedrohlichkeit sind verschwunden. Alle werden Könige und Priester sein. Anstelle dunkler Schluchten bietet diese Stadt Helligkeit und Licht. Die Form der Stadt ähnelt hellenistischen und auch neuzeitlich-aufklärerischen Stadtplanungen: Sie ist geometrisch angelegt, der Markt als Kommunikationszentrum bildet die Mitte der Stadt, in der alle Menschen miteinander versöhnt sein werden. Fröhlichkeit, Übersichtlichkeit und Klarheit herrschen hier. Auch Bäume, einen ganzen Wald von Lebensbäumen, gibt es in dieser Stadt, wo der Fluß die ganze Stadt durchquert. Die letzten Kapitel der Bibel entwerfen damit das leuchtende Bild einer neuen zivilisierten Gemeinschaft der Menschen miteinander und mit Gott. So endet die Bibel nicht irgendwie fromm, noch viel weniger in masochistischen Demutsübungen oder säuerlichen Verzichtsforderungen, sondern in der Vision eines Gemeinwesens.

Das biblische Verbot, ein Bild Gottes zu machen, bleibt gewahrt, denn Gott selbst wird nicht dargestellt, denn so heißt es in extremer Abstraktion über seinen Thron: »Und siehe, ein Thron stand da im Himmel, und auf dem Thron saß einer. Und er war anzusehen wie

Jaspis und Karneol, und ein Farbenkranz war rings um den Thron gleich einem Smaragd. Und um den Thron zuckten Blitze mit Krachen und Donner. Und vor dem Thron war etwas wie ein gläsernes Meer gleich Kristall«. An Stelle einer Gestalt stehen impressionistisch reine Farben in reinstem Licht. – Die Hymnen aus der sogenannten Sabbatliturgie von Qumran bieten Vergleichbares: »An ihren wunderbaren Stätten sind Engel, vielfarbig wie das Werk eines Webers, mit herrlichen Mustern. Mitten in einer Erscheinung in herrlichem Rot, der Farbe des heiligsten Lichtes der Engel, stehen sie fest in heiliger Ordnung vor dem König, Engel in reinen Farben mitten in der Erscheinung weißen Lichts. Und die Gestalt des Engels der Herrlichkeit ist wie ein Kunstwerk von strahlendem Feingold. All ihre klaren Muster sind gemischt wie das Werk eines Webers«.[1]

Und auch hier wieder Musik: In der Offenbarung hört Johannes das Heilig, heilig, heilig, das beim Thron Gottes gesungen wird. Wir erinnern uns, daß in diesem Jahrhundert dieses Lied für den Religionsphilosophen Rudolf Otto zum zentralen Erlebnis wurde. Er beschreibt seine Erfahrung in einer armseligen Synagoge in Marokko: »Plötzlich löst sich die Stimmenverwirrung und – ein feierlicher Schreck fährt durch die Glieder – einheitlich klar und unmißverständlich hebt es an: qadosch, qadosch, qadosch, elohim adonai zebaoth maleu haschamajim wahaarez kebodo (Heilig, heilig, heilig ist Gott, der Herr der Heerscharen. Himmel und Erde sind seiner Herrlichkeit voll). Ich habe, schreibt er weiter, das sanctus, sanctus, sanctus von den Kardinälen in Sankt Peter und das swiat, swiat, swiat in der Kathedrale des Kreml und das Hagios, hagios, hagios vom Patriarchen in Jerusalem gehört. In welcher Sprache immer sie erklingen, diese erhabensten Worte, die je von Menschenlippen gekommen sind, immer greifen sie in die tiefsten Gründe der Seele, aufregend und rührend mit mächtigem Schauer das Geheimnis des Überweltlichen, das dort unten schläft«. Heilig, heilig, heilig. Gott selbst aber flüstert – welch ein Gegensatz zum donnernden Zeus der Griechen.

1 K. Berger, Psalmen aus Qumran, 1994, 161.

DIE ÄSTHETIK DES GOTTESVOLKES

Das Gottesvolk selbst, das in der zukünftigen Stadt wohnen wird, sieht Johannes im Bild der Schönheit einer herrlichen Frau. Die Sonne ist gerade gut genug, sie zu kleiden, der Mond ist eine Sichel zu ihren Füßen, ihr Haupt ist bekränzt von zwölf Sternen. Erwählung, Erlösung und Befreiung aus aller Finsternis und Drangsal wird dieser Frau als eine Schönheit zuteil, die die des Paradieses bei weitem übertrifft. Ungezählte Madonnendarstellungen aller Jahrhunderte geben etwas von dem wieder, was hier vom Volk Gottes aus Israel und der Kirche gilt. Von dieser Frau, Israel, der Kirche, kann man, ähnlich Gertrud von Le Fort in den »Hymnen an die Kirche« sagen: »Sie hat noch Blumen aus der Wildnis im Arm, sie hat noch Tau in ihren Haaren aus Tälern der Menschenfrühe. Sie hat noch Gebete, denen die Flur lauscht, sie weiß noch, wie man die Gewitter fromm macht und das Wasser segnet. Sie trägt noch im Schoß die Geheimnisse der Wüste, sie trägt noch auf ihrem Haupt das edle Gespinst grauer Denker. Sie war heimlich in den Tempeln der Götter der Heiden. Sie war dunkel in den Sprüchen aller ihrer Weisen. Sie war auf den Türmen ihrer Sternsucher. Sie war bei den einsamen Frauen, auf die der Geist fiel. Sie war die Sehnsucht aller Zeiten, das Licht aller Zeiten, die Fülle der Zeiten. Sie war die Straße aller ihrer Straßen, auf ihr ziehen die Jahrtausende zu Gott. Ihr Sieg reicht vom Morgen bis zum Abend, und ihre Flügel wachsen über alle Meere. Ihre Gebete baut sie wie Brücken ins Uferlose, sie läßt sie wie Adler ins Schwindelnde steigen. Sie kommt als eine Geschmückte aus der Wüste wieder und als eine Erleuchtete aus den Flügeln der Nacht. Sie kommt aus der Vernichtung wieder als eine, die Kraft fand, und kommt aus dem Unsichtbaren wieder als Gestalt. Wenn die Städte noch auf ihrem Fieberbett schlafen und die dumpfen Dörfer im Broden der Felder versinken, wenn die Tiere sich noch nicht regen und die Einsamkeit des Herrn auf der Welt lagert, dann erhebt sie ihre Stimme, dann wäscht sie das Angesicht der Erde mit ihren Liedern«.

Sie ist nicht mehr die klagende und trauernde Frau, sondern aller Glanz der Schöpfung verziert nur sie. Die Botschaft dieses Textes: Das Heil zeigt sich als absolute Schönheit, und alle Schönheit der

Erde ist Abglanz und Widerschein der Herrlichkeit des Heils. Nicht der Tod ist das Ziel, das Vergehen, Verwelken und Verblassen, sondern das Ziel ist die absolute Schönheit. Die Schönheit ist nicht das Gut, das Alter und Tod uns entwinden könnten, sondern sie wird siegen. Wir wachsen hinein in das herrliche Geheimnis unvorstellbarer Schönheit. Schönheit ist immer Appell zum Miteinander, ihr Sinn ist, daß Kommunikation leicht wird. So nehme ich die Schönheit meiner Frau wahr als Aufforderung zu Kontakt, nehme ihre Schönheit zum Anlaß, daß wir gemeinsam ein goldenes Haus ersinnen und erbauen. – Daher wird in Apk 12 aller Glanz der Schöpfung nicht für eine Einzelperson behauptet, sondern für eine Gemeinschaft, das messianische Gottesvolk. Und hier schafft sich nicht der Messias eine Gemeinde, sondern er geht aus ihr hervor. Es fällt kein einzelnes Christkind vom Himmel, sondern gesegnet und über alle Maßen schön ist das Volk, in dem der Messias sein kann und aus dem er geboren wird. Eine gute Korrektur unseres gewöhnlichen Individualismus in den Anschauungen von Jesus: Jesus als die Mitte einer gesegneten messianischen Generation.

Zur Ästhetik des Gottesvolkes gehören vor allem seine Lieder. Daher heißt dieses Buch »das hymnische Evangelium«. Aber die Hymnen sind nicht bloß erbaulich oder auch nur irgendwie tröstlich. Sie sind vielmehr absichtlich als Konkurrenz zu Akklamationen im heidnischen Herrscherkult gedacht und formuliert. Das betrifft z. B. die sogenannten Akklamationen wie »Dem, der auf dem Thron sitzt und dem Lamme sei Heil, Lobpreis und Ehre und Macht . . .«. Dieselbe Art der Formulierung von Zurufen kennen auch wir heute noch, und auch die Akklamation »Heil Hitler« war nach demselben Schema gebaut: »Heil« ist das Gut, das man dem zuspricht und von dem erwartet, dessen Name man im Dativ nennt. »Heil Hitler« hieß daher: Wir erwarten das Heil von Hitler, bei ihm ist es, ihm steht dieser Ruf zu. Die Rufe der Offenbarung des Johannes bereits bieten die Alternative: Statt »Heil, Kaiser dir«, singen die Christen: »Heil unserem Gott und dem Christus«. Auch hier ist Liturgie politisch verstanden, weil, wie wir wissen, bis heute Politik sich liturgisch geriert. Und diese Liturgie ist »schön«, kunstvoll in Hymnen gefaßt, weil Schönheit Zustimmung heischt, aus der Reserve lockt, Kommunikation erleichtert, Menschen verbindet. Und vielleicht gilt auch umgekehrt: All das, was Menschen verbinden kann, worin sich viele wiedererkennen können, was sie dazu reizt, Kontakt aufzunehmen, all das ist eben deshalb auch schön. Und schön, ein Kunstwerk für sich, ist daher auch gegeben, wenn die Jünger wie eine Stadt auf dem Berge durch ihr Beispiel Menschen werben können.

Die Liturgie der Offenbarung des Johannes ist Inszenierung von Gottes Macht, nicht von Ohnmacht. Aber ist nicht, könnten wir fragen, solches Protzen Gott unangemessen? Ist der Gott Jesu Christi nicht eher ohnmächtig und solidarisch im Leiden als noch mächtiger als die Mächtigen? Betont nicht auch die Liturgie zu wenig die Solidarität mit den Ohnmächtigen, gibt sie ihnen nicht zu wenig Chance, sich wiederzuerkennen? Ist nicht Herrlichkeit in der Liturgie die Wiederholung der Unterdrückung? Ist es nicht viel ehrlicher zu sagen, Gott sei ohnmächtig?

Doch gegen diese Einwände gilt: Eine bloße Wiederholung der Ohnmacht der Opfer ist keine Alternative, sondern wiederholt nur bestehende Trostlosigkeit. Und dem irdischen Anspruch von Machthabern ist nur mit dem höheren, aber doch auch ganz andersartigen Machtanspruch Gottes zu begegnen. Macht ist nicht abzuschaffen, sondern, und das betrifft die irdischen Potentaten, realistisch darzustellen, und diese Art von Kunst beherrscht die jüdisch-christliche Religion auf einzigartige Weise. Zum Realismus gehört auch der Tod als die sichere Grenze aller irdischen Macht. Das eigentliche Problem ist immer das von Tod und Leben.

Wenn man dagegen die Ohnmacht der Opfer nur abbildet, wird sie allzuleicht statisch festgeschrieben, es fehlt dann der Prozeß, der aus ihr herausführt; Liturgie und sakrale Kunst überhaupt haben die Aufgabe, diesen Prozeß anzudeuten. Insofern kann, wenn es sich um die Darstellung eines Weges handelt, wie auf einem Kreuzweg auch Ohnmacht darin vorkommen.

DIE SINNLICHKEIT DER VERGELTUNG

In Apk 3,9 heißt es von den Verfolgern: »Ich (d. h. Gott) will machen, daß sie kommen und niederfallen vor dir«, und nach Apk 20 erhalten die Märtyrer Belohnung durch ein tausendjähriges Reich, während zuvor die Potentaten und Regenten, die sie auf Erden gepeinigt haben, zu einem großen Abendmahl den Vögeln des Himmels zum Fraß vorgeworfen werden.

Für das eine wie für das andere regt sich Widerstand in uns. Weder glauben wir an die Auferstehung von Märtyrern noch an die Bestrafung ihrer Mörder. Noch dazu nicht so, daß sie im Staub kriechen vor uns. Denn es gehört zu den Tabus unserer Gesellschaft, daß Rache unanständig ist und daß die Zukunft dann eben ohne die Opfer stattfinden wird. Anders dieses Buch der Bibel. Rache wird nicht unterdrückt, aber auf Gott übertragen. Und dieser Gott liebt die Opfer, nicht die Mörder. Christen verzichten von sich aus auf Rache, doch die Schmach des Opfers wird ernstgenommen und nicht verdrängt oder absorbiert. Wer heute Opfer ist, wird nicht ewig auf der Verliererseite stehen. Und wenn hier, wie es heißt, die Verfolger vor den Opfern niederfallen werden, dann nicht deshalb, weil die Opfer die noch schrecklicheren Tyrannen geworden wären, sondern weil Gott sie dazu zwingt, die Würde der Opfer anzuerkennen. Genau dieses ist die Brücke zum Thema »Ethik der Offenbarung des Johannes«.

ETHIK DES SEHERS JOHANNES

Die Ethik des Sehers Johannes gründet auf der Identität der Christen. Andere Quellen für die Anweisungen zum Verhalten werden nicht genannt. Die Identität der Christen ist im Rahmen einer Apokalypse dargestellt, weil alles daran liegt, daß die angesprochenen Leser geduldig und bereitwillig im Ertragen diese Zeiten durchstehen, daß sie treu bleiben und auf diese Weise »siegen«.

Diese Identität aber ist mehrfach begründet, und zwar im Rahmen des visionären Dramas, das dem Leser vor Augen geführt wird. Einmal heißt es, die Auserwählten seien »versiegelt«, so daß ihnen offenbar das Böse nicht schaden und sie zum Abfall verführen kann. Sodann wird gesagt, sie hätten ihre Gewänder im Blut des Lammes gewaschen, und schließlich wird an ihren anfänglichen Glauben, bzw. an ihre »erste Liebe« appelliert, die offenbar ihr bräutliches Verhältnis zum Lamm begründet hat, dem sie später in der Hochzeit zugeführt werden, und hier geht es dann um die Treue.

Ob es sich bei den genannten die Identität begründenden Akten teilweise, ganz oder gar nicht um Sakramente (oder Vergleichbares) handelt, ist noch ungeklärt. Klar ist nur, daß die Leser auf eindrücklich bildhafte Weise ihrer Identität versichert werden. Ebenso sicher ist, daß erst und allerdings bei der Hochzeit des Lammes die wahre Identität der Christen als die des himmlischen Jerusalem, der Braut des Lammes, aufscheinen wird. In welchem Verhältnis die Ethik zur Identität als Braut steht, das wird besonders daran deutlich, daß das strahlend weiße Linnengewand, das die Braut nach 19,7 anlegen darf, »die gerechten Werke der Heiligen« (d. h. der Christen) sind. Auch Paulus mahnt ja dazu, die Werke des Lichts anzulegen (Röm 13,12). Denn das Kleid steht jeweils für das, was der Mensch ist. Dasselbe kann Paulus sakramental formulieren: Getauft werden heißt Christus anziehen (Gal 3,27), und der Seher Johannes spricht, wie wir hörten, vom Waschen der Kleider im Blut des Lammes. Das durch Jesus Christus und seine Mittlerschaft begründete Christwerden steht daher parallel zu den guten Werken der Christen. Das ist kein Widerspruch, sondern das eine (das Wirken Jesu) ist die Voraussetzung für das andere.

Besonders typisch für den Seher Johannes sind Mahnungen wie diese: Du bist geduldig, um meinetwillen hast du manches ertragen und bist nicht müde geworden. Doch ich muß dir vorwerfen, daß du die Glut der ersten Liebe hast erkalten lassen. Hab keine Angst vor dem, was du erleiden wirst ... Um euch zu prüfen, wird der Teufel einige von euch ins Gefängnis werfen. Zehn Tage werdet ihr Not leiden ... Sei treu bis zum Tod, dann werde ich dich mit Leben krönen.

Immer geht es um die Zeit der Bewährung, des Standhaltens, der Treue und Festigkeit in äußerster Bedrängnis.

In den sogenannten Überwinder-Sprüchen stellt der Seher den Gemeinden in leuchtenden Farben vor Augen, was sie erlangen wird. Auffällig ist der betont metaphorische Charakter der Aussagen.

»Dem Sieger werde ich zu essen geben vom Baum des Lebens, der in Gottes Paradiesgarten steht.«

Dem Sieger wird der zweite Tod, die endgültige Verdammnis, nichts mehr anhaben können.

»Dem Sieger werde ich von dem Manna zu essen geben, das der Himmel verborgen hält. Und ich werde ihm einen weißen Stein geben, auf dem ein neuer Name geschrieben steht, den nur er kennt; dieser Name ist ein Geheimname, der ihn schützen wird.«

»Dem Sieger, der bis zum Ende so handelt wie ich, werde ich Macht geben über die Völker. Er wird sie regieren mit eiserner Knute oder sie zerschlagen wie irdenes Geschirr. Am Glanz des Morgensterns, den ich von meinem Vater empfangen habe, werde ich auch ihn teilhaben lassen.«

»Der Sieger wird leuchtend dastehen, sein Name ist im Buch des Lebens verzeichnet. Ich werde mich zu ihm bekennen vor meinem Vater und seinen Engeln.«

»Den Sieger werde ich zur Säule in Gottes Tempel machen, die immer dort bleiben wird. Auf seine Stirn werde ich den Namen Gottes schreiben und den Namen der Stadt Gottes, des neuen Jerusalem, das vom Himmel herkommt, und auch meinen eigenen neuen Namen.«

»Dem Sieger werde ich erlauben, zusammen mit mir auf meinem Thron zu sitzen. Auch ich bin ja Sieger und darf neben meinem Vater auf seinem Thron sitzen.«

So ist die Ethik in der Offenbarung des Johannes in der ästhetisch geschauten Identität der Gemeinde begründet und eingezeichnet in die Ordnungen des Handelns Gottes.

Das emotionale Element

Der Ansatzpunkt

Bereits die Scholastik hatte keine Scheu, im Zusammenhang mit Schönheit von Liebe (amor), suavitas (Eleganz) der Farbe (color), dulcedo (Lieblichkeit) zu sprechen. Schönheit ist immer auf die Gestalt (figura) bezogen.

PHÄNOMENOLOGIE DES VERLIEBTSEINS

Ich nehme den Ausgang bei einer Phänomenologie des Verliebtseins. Ich finde mich vor als einen, der [in eine Frau] verliebt ist. Ich entwerfe von hier aus die Grundelemente einer möglichen Ethik. Dieser Ausgangspunkt ist nicht ganz willkürlich gewählt. Fünf Aspekte sind hier zu nennen:

GEKLÄRTE SITUATION

Diese Situation kann ich auffassen als eine von ungewöhnlicher Klarheit und Eindeutigkeit. Oftmals sonst sind Seelenrichtung und Motivation eher vielschichtig und komplex, hier nicht. Ich finde mich hier auf einem Höhepunkt meines Lebens. Die Vitalität in mir regt mich dazu an, gibt mir die Kraft, nur dieses eine zu wollen.

SEHNSUCHT ALS AUSGANGSPUNKT

Ich finde, daß in der Theologie des Kirchenvaters Augustinus und bei den frühen Zisterziensern (Bernhard, Wilhelm von Saint-Thierry) die Unruhe des Herzens und die Größe der Sehnsucht den Ausgangspunkt der Anthropologie bildet. Diese Sehnsucht ist nur in und durch Gott zu stillen.

»Du selber reizest an, daß Dich zu preisen Freude ist; denn geschaffen hast Du uns zu Dir, und ruhelos ist unser Herz, bis daß es seine Ruhe hat in Dir«.[1]

1 Augustinus, Conf., 1,1.

DER ZUSAMMENHANG VON SCHÖNHEIT UND LIEBE

Schönheit bestimme ich als die Summe des Begehrenswerten. Unter dem Aspekt begehrenswert zu sein, ist etwas, ist jemand schön. Schönheit heißt bis heute: Ausstrahlung besitzen. Speziell in dieser Hinsicht kennt das Mittelalter das schöne Wort: Alles Gute besitzt eine Ausstrahlung, in der es Anteil an sich selbst gibt (omne bonum est diffusivum sui). Dieses Attribut gilt speziell für ein Ding, insofern es schön ist. Denn daß es in der Ausstrahlung Anteil gibt an sich selbst, weckt bisweilen und in unterschiedlichem Maße den Appetit auf mehr. Manchmal gilt: Je stärker die Ausstrahlung, um so größer der Appetit. Das Mehr oder Weniger, von dem hier die Rede ist, und die Frage, ob das realisiert wird, was hier als möglich aufscheint, ist die Frage von Freiheit und Individualität (Kant).

Hinter der geheimnisvollen Zuordnung von Ausstrahlung und Appetit steckt der Wunsch nach Zusammensein (Konvivenz). Dieses Ziel ist offenbar identisch mit dem Sinn von Ausstrahlung und Appetit, von Attraktivität und Begehren, von blühender Schönheit und dem Wunsch, sie zu teilen. Konvivenz ist hier ein ganz erhebliches Stück des Sinns von Dasein. Damit ist der Sinn von Schönheit, Sehnsucht und Begehren nicht die Abtötung dieses Sinns in Einsamkeit, sondern Leben und Weitergabe von Leben.

DIE SEHNSUCHT RICHTET SICH AUF DEN GENUSS VON SCHÖNHEIT

Ich sehe, daß in den Confessiones des hl. Augustinus die Sehnsucht verbunden ist mit einem Hymnus auf die Schönheit, die Augustinus liebt. Ich sehe darin einen Ansatzpunkt für die Verbindung von Sehnsucht, Liebe und Schönheit.

»Spät hab ich dich geliebt, Du Schönheit, ewig alt und ewig neu, spät hab ich Dich geliebt. Und siehe, Du warst innen, und ich war draußen, und da suchte ich nach Dir, und auf das Schöngestaltete, das Du geschaffen, warf ich mich, selber eine Mißgestalt. Du warst bei mir, ich war nicht bei Dir. Was doch nicht wäre, wäre es nicht in Dir: das eben zog mich weit weg von Dir. Du hast gerufen und ge-

schrieen und meine Taubheit zerrissen. Du hast geblitzt, geleuchtet
und meine Blindheit verscheucht. Du hast Duft verbreitet, und ich
sog den Hauch und schnaube jetzt nach Dir. Ich habe gekostet, nun
hungre ich und dürste. Du hast mich berührt, und ich brenne nach
dem Frieden in Dir.«[1]

DIE ZWEIERBEZIEHUNG ALS KERN

Wohl jede Gemeinschaft besteht aus Zweierbeziehungen. Diese sind
im Verhältnis zur größeren rahmenden Gemeinschaft (z. B. Kommu-
nität) wie ein Steinchen, das man ins Wasser wirft und das dann konzentrische, weitere Kreise hervorruft.

DIE LIEBE GIBT NEUE REGELN

Ich sehe, daß sowohl bei mir selbst als auch – in geistlicher Hinsicht –
bei den genannten Kirchenlehrern das Verliebtsein eine »conversio
morum« zur Folge hat. Denn ich sehe: Die Liebe (als Sehnsucht nach
Schau der Schönheit) ist eine strenge Lehrerin des Lebens. Schon in
der Antike wird gesungen, daß um der Liebe willen Männer alles lassen konnten, was ihnen sonst lieb und vertraut war.

Übrigens scheint das bei Jesus, der Jünger beruft, die alles verlassen, auch nicht anders zu sein; auch wenn das Stichwort »Liebe«
nicht fällt, bestätigt sich doch die allgemeine Regel, daß Jesu Botschaft als Verstärkung des Ersten Gebots (Gottesliebe) zu begreifen
ist.

So sehe ich in der Liebe die Größe, die meinem Leben neue Regeln
gibt. Allein in diesem Sinn und nicht im Sinn von Beliebigkeit kann
ich auch den Satz des hl. Augustinus verstehen »ama et fac quod vis«
(Wenn du nur liebst, dann magst du tun, was du willst).

Die Liebe als strenge Meisterin geregelten Lebens sehe ich so am
Werk:

Wer liebt, erstrebt Konvivenz (Zusammenleben), d. h., eine Form
von Lebensgemeinschaft. Sie beruht auf »Teilhabe«. Wer diese Teilhabe erstrebt, muß erkennen lassen, daß er zu einem Zusammenleben

---

1 Conf. X 27.

in der Lage ist. Dafür gilt zunächst grundsätzlich das, was man in der sogenannten Goldenen Regel zusammengefaßt hat: Mache die möglichen Wünsche und Lebensbedürfnisse des anderen zum Maßstab für dein eigenes Handeln. Nicht zu Unrecht hat man allgemein und hat auch Jesus in der positiven Fassung der Goldenen Regel nach Mt 7,12 dieses als Basis jeder denkbaren Ethik angesehen.

In der Situation eines Paares von Verliebten sehe ich den idealen »Sitz im Leben« für die Goldene Regel. Denn wer zum Ziel der Konvivenz gelangen will, wird am eigenen Verhalten alles das korrigieren, das einem windschlüpfrigen bzw. windschnittigen Weg zum anderen im Wege steht. Das wäre eine erste, negative Phase, die Selbstkritik. Der Maßstab ist das Ankommen beim anderen. Der Weg zu dieser Selbstkritik ist Phantasie: Man muß sich schon vorstellen können, was der andere will. Man muß es ihm von den Augen, von den Lippen ablesen können. Wie schön ist es, wenn man dann genau die unausgesprochenen Wünsche trifft.

Der Maßstab für die Normen der Konvivenz ist daher ein »Vorlaufen« – nicht das Vorlaufen zum Tod, das Maßstab für die Weisheit des Daseins nach M. Heidegger ist, sondern das Vorlaufen zu den »Bedürfnissen« des anderen. Dazu gehören übrigens nicht nur die lebensnotwendigen, sondern genauso die über das Notwendige hinausgehenden Wünsche oder Bedürfnisse, die der reinen Freude dienen. Gemeint ist damit insgesamt das Vorlaufen zum Gefallen. Denn daß man dem anderen gefällt, ist das strenge Gesetz der Liebe bzw. Konvivenz. Für die Frage nach dem Ursprung einer Ethik ist so erkennbar: Liebe schafft sich die Regeln des Lebens.

Nun ist es die immanente Gefahr der Goldenen Regel, daß sie im Sinn von »Egoismus zu zweit« mißverstanden wird. Doch mit Egoismus dieser Art kommt man nicht weit. Daher liegt alles daran, wie die Frage beantwortet wird: Wie stellst du dir unser gemeinsames Haus (metaphorisch begriffen) vor? Wie sollen wir unseren Kindern weitergeben, was wir für wichtig halten, daß es weitergegeben wird? Es ist nicht genug damit, sich in die Wünsche des anderen hineinzudenken, hinzukommen muß die Vermittlung, müssen die Regeln der Weitergabe. Das betrifft nicht nur Erziehung, sondern eben auch Weitergabe der Identität stiftenden Kultur. Der Maßstab ist hier kulturelle Identität, die weit über den Erhalt der Zweierbeziehung hinausgeht, letztlich aber auch dieser dient. Im Zeitalter der Globalität nimmt man zunehmend wahr, daß diese Kulturpädagogik keine Nebensache ist. – Liebe will daher nicht nur Regeln des Lebens, sondern eine bestimmte Kultur. Lebe so, daß deine Kinder oder Schüler die Regeln eures Zusammenlebens übernehmen können.

FASZINOSUM UND STRENGE

Das Gemeinte läßt sich – etwas unkonventionell – in dichterischen Worten sagen:»Sag mir doch nicht, es gäbe keine Engel mehr. Wenn ihr die Liebe gekannt habt: Ihre rosigen Flügelspitzen, ihre eherne Strenge«.[1] Das Faszinosum und das Tremendum, die Lieblichkeit und die Strenge machen zusammen den Charakter der Liebe aus. Genauso läßt sich aber auch die Intention dieses Buches beschreiben: Aus dem Faszinosum, dem Glanz und der Herrlichkeit, die Strenge und Verbindlichkeit einer Ethik herzuleiten. Damit ist nicht einfach das Sein oder die Natur die Basis der Ethik, sondern der Glanz, der in den Bann schlägt. Freilich nicht jeder Glanz, sondern nur der, der auf Dauer und im ganzen hält, was er verspricht.

DIE LIEBE WILL EWIGKEIT

In der Liebe intendiere ich das Bleiben (». . . daß es so bleibt«). Damit ist aus meiner Sicht eine Ordnung im Sinn der Sicherung des Bestehenden mitgewollt. Der Wunsch nach Dauer ist ein Ausdruck der Intensität. – Wir beobachten in diesem Zusammenhang: Auch in den neutestamentlichen Schriften ist das ähnlich: Die Intensität der Liebe kann die Zeit aufheben oder über Anfang und Ende hinaus verlängern, so daß man von Präexistenz (Dasein vor der Welt) wie von Postexistenz (Dasein nach dem Ende der Welt: Auferstehung) spricht.

---

1 Marie Luise Kaschnitz, Gedichte, 1980, 201.

Die konstitutive Rolle des anderen

Vor allem aber liebe ich ja nicht für mich allein einen anderen Menschen. Der andere, die andere ist vom ersten Augenblick an konstitutiv. Das Verliebtsein besteht von Anfang an in der auf das Zusammensein mit dem anderen Menschen gerichteten Intention. Die neue Ordnung, die die Liebe aus Sehnsucht nach Schönheit stiftet, ist daher eine dialogische. Sie wird nicht bestimmt durch meinen Herrschaftsdrang, sondern entsteht aus zweierlei Sehnsucht nach Zusammenleben, ist aber von Anfang an nur möglich als Interessenausgleich.

Schönheit und Herz

SCHÖN IST MAN NICHT FÜR SICH

Selbst wer sich im Spiegel betrachtet, sieht sich mit anderen Augen, mit den Augen der anderen. Deshalb ist man nicht durch Schönsein »an sich« glücklich, sondern nur, wenn andere es genießen oder genießen wollen. Ähnlich gilt es auch für die biblischen Begriffe des »Gerechtseins« und der »Ehre/Herrlichkeit«. Weder Schönsein noch Gerechtsein noch Ehrenvollsein kommt isoliert lebenden oder isoliert betrachteten Menschen zu. In jedem Falle handelt es sich um einer Gemeinschaft immanente Beziehungen. Real werden diese Beziehungen nur in einer verwirklichten Gemeinschaft. In jedem Falle setzt die Realität eine komplexe Beziehung voraus. Beide Partner, in deren Mitte eine derartige Beziehung besteht, sind insofern strikt gleichzeitig. Es zählt nicht, ob einer früher dort war, entscheidend ist, daß sie jetzt miteinander dort sind.

DIE SCHÖNHEIT DES ANDEREN UND DIE SELBSTFINDUNG

Analog zu Augustinus formuliere ich den Satz »in conspectu pulchritudinis tuae invenio me ipsum« »Im Anblick, ja im Angesicht deiner Schönheit finde ich zu mir selbst, ja finde ich mich selbst«. Denn auch für die Selbstfindung gilt, daß noch niemand sie isoliert zustande brachte. Und gerade wenn man in die Wüste hinausgeht, ist man nicht einsam, sondern man trifft auf Gott oder auf den Teufel, die einen um so schärfer zur Selbstfindung zwingen.

Ich finde mich selbst im Angesicht der Schönheit des anderen, weil sie mich aufs äußerste herausfordert. Denn Verliebtsein bedeutet Eindeutigkeit. Ich gewinne darin die notwendige Eindeutigkeit meiner selbst, denn wer (sich) schenken will, muß zuvor sich selbst besitzen bzw. sich gefunden haben.

Die Schönheit der Partnerin entfacht Sehnsucht und Liebe wohl auch deshalb, weil der Drang, sich selbst zu finden, auch ein ebenso harter wie notwendiger Kampf um Leben und Tod ist. Die Schönheit des Gegenübers wird darin konstitutiv für das eigene Selbst.

Handeln aus der Vision des Erhofften

Die beiden Verliebten, die der phänomenologische Ausgangspunkt unserer Überlegungen waren, entwerfen ihr Handeln von der Vision eines Zukünftigen her. Dieses Zukünftige kann man »gemeinsames Haus« oder »Familie« oder – poetisch – »goldenes Haus« nennen. Die Vision des Zukünftigen, das gemeinsame »telos« bestimmt ihr Handeln auch in Kleinigkeiten. Wer so Großes vorhat, tut eben bestimmte Dinge nicht. Man tut eben bestimmte Dinge nicht, wenn man sensibel ist für die Erwartungen, die die Menschen auf einen richten. Wer die historisch gewordenen Zeichen unersetzlich vernichtet, hat keine Vision von seiner eigenen Zukunft.

Niemand wird dabei dieses Zukünftige als etwas Fremdes ansehen, denn es stimmt ja zu den Wünschen und zur Sehnsucht, die man hat. Und niemand wird sie daher als etwas ansehen, das man erst machen oder konstruieren muß, denn es wird immer als etwas angesehen, das »wie schon da« ist. Denn dieses Ziel würde nie als reines Produkt des Machens erscheinen, sondern immer auch als geschenkt, weil nicht wirklich verfügbar. So, als müßten zumindest Glück oder noch besser alle guten Geister aufgerufen werden, mitzuwirken – und als würden sie es auch sicher tun, weil es ein strahlendes, einladendes Ziel ist.

Dieses Verhältnis von gegenwärtigem Handeln und vor Augen

stehendem Ziel sehe ich – das Christliche ist hier wieder ein Musterfall für das Gemeinte – auf folgenden Ebenen:

– im Verhältnis von Wunderwirken und Zukunft, denn die Wunder sind Appetithappen auf die Zukunft hin

– im Verhältnis der Zeit Jesu auf Erden zur Zeit seiner Wiederkunft

– im Verhältnis von Sakramenten zur Fülle und Gänze der christlichen Heilsvollendung

– im Verhältnis der Kirche in kümmerlichen Anfängen zu Gottes Herrschaft

– im Verhältnis zwischen den Hymnen der Gemeinde und dem Glanz der Neuen Schöpfung

– im Verhältnis von allem, das jetzt schon heilig ist und Gott gehört, zum Ziel der Geschichte, daß »Gott alles in allem ist«

– im Verhältnis von Erwählung und Rettung, denn Erwählung ist der Anfang und garantiert noch nicht die Rettung

– im Verhältnis zwischen Gesegnetwerden der Kreatur zur Neuen Schöpfung ohne Tod

– im Verhältnis zwischen jedem Lächeln zum Jubel der Auserwählten beim Sieg über den Tod.

Das ästhetisch begründete ethische Handeln ist daher von der Erwartung her bestimmt. Vom Erhofften her formt sich das Handeln. In Abwandlung der lutherschen Übersetzung von Mt 6 formuliere ich daher: »Wes das Herz des Schönen voll ist, dessen Hände werden in die rechte Richtung gelenkt.«

ZEIT VOR DER ENTHÜLLUNG DES GLANZES

Es ist wie mit Kindern in der Adventszeit. Und das ist auch gemeint mit dem Titel »Leben aus dem Glanz der Ordnung«. Advent ist eine geordnete Zeit; man sieht es an der zunehmenden Anzahl der Kerzen. Es ist eine Zeit, in der man auf ein glanzvolles Fest zulebt. Der Glanz enthüllt sich in bescheidenen Schritten, um dann mit einem Male hervorzubrechen. Die Methode ist von der Kirche geerbt. Ebenso verläuft die Vorbereitung auch der Kirche auf Weihnachten und Ostern.

Das Erste: Zeit ist dann nicht gleich Zeit. Sie ist nicht neutral und technisch verstanden. Sie ist vielmehr ganz unterschiedlich gewichtet und gefüllt. Rein vom Zeitmaß her gesehen: Die lange Zeit der Vorbereitung steht in Kontrast zur kurzen Zeit des Festes. Der Sinn der Fasten- und der Adventszeit wird durch diesen Ansatz verständlich: Durch Strenge, Verzicht und Fasten bereitet sich die Kirche auf die jeweilige Epiphanie des Festes vor. Denn Strenge, Verzicht und Fasten lassen die menschliche Wahrheit unverblümt erscheinen: Wir sind schwach und Sünder, wir sind so angewiesen auf Nahrung, daß wir uns selbst auf bescheidene Mahlzeiten freuen. – Und ähnlich war es zu Zeiten vor der Priesterweihe üblich, daß die Kandidaten vorher fasteten und am Morgen vor der Weise den berühmten wäßrigen Haferschleim genossen. Denn die Weihe ist in der Tat Epiphanie, mächtiges Eingreifen Gottes in den Bereich menschlicher Schwäche.

Ich finde es liebenswert, daß durch diese drei Fastenriten (Advent, Quadrigesima, Weihevorbereitung) auch der Leib im Blick auf die jeweils kommende Offenbarung der Herrlichkeit Gottes geadelt wird, denn angesichts des jeweils kommenden Gottes ist Hunger keine Schande, sondern ein Stück Wahrheit über die Menschen. Und in der Herrlichkeit des Festes zeigt Gott dann seine Wahrheit.

Freude

Die im folgenden entfaltete Logik der Freude ist folgende:

a) Die Begegnung mit Schönheit provoziert Freude.

b) Die Freude richtet sich auf das reine Dasein des anderen (Ich freue mich, daß du da bist).

c) Das gilt auch und in besonderem Maße für den Glauben; Freude ist Heraustreten aus sich selbst, und das gilt für beide Partner des Offenbarungs- bzw. Glaubensgeschehens.

d) Diese Freude (des Glaubens) hat etwas mit Schönheit zu tun, sie bedeutet in besonderem Maße Anteilhabe, weil Gott die Schönheit und die Freude selbst ist.

e) Freude ist die Innenseite Gottes.

f) Auch in Gottes eigenem Tun äußerte sich seine Freude im und am eigenen Handeln.

g) Von der religiösen Freude her kommt die Leichtigkeit des Handelns.

h) Die Freude betrifft auch den seelischen Zustand derer, die Unrecht erleiden müssen.

Zur Begründung der einzelnen Elemente:

a) Nach den mittelalterlichen Theologen bedeutet Schönheit sowohl die Vollkommenheit des Seins als auch die Erfülltheit des Betrachtenden.

Nach Wilhelm von Saint-Thierry kommt die Weisheit denen entgegen, die sie suchen, um »sich ihnen in heiterer Fröhlichkeit« zu zeigen.[1] Psalm 4,7 legt Wilhelm so aus, »daß die Seele die Freude des göttlichen Heils in sich aufnimmt und durch den königlichen Geist der Weisheit gefestigt fröhlich zu Gott emporsingt: Dein leuchtendes Angesicht ist uns als Siegel aufgedrückt, Gott . . .

b) Freude ist daher etwas Vormoralisches mit der Tendenz zur Gerechtigkeit.

c) Daher tritt der Mensch in freudigem Jubel aus sich heraus, so wie Gott in seiner Liebe aus sich herausgetreten ist. Wenn beide aus sich heraustreten, kann neue Gemeinschaft sein. Der Ort der Begegnung zwischen Gott und Mensch ist die Freude. Sie ist das Offenbarungszelt des Neuen Bundes. Als Summe des Rates an seine Brüder faßt Bernhard zusammen: »Ich will, daß ihr erfahrt, was der heilige Prophet uns rät, wenn er sagt: Freut euch, wenn ihr an den Herrn denkt«.[2] In der Biographie des seligen David von Himmerod wird über ihn gesagt: »Wie bei einem Heiligen strahlte sein Gesicht vor Freude; er hatte das Gesicht eines Mannes, der nach Jerusalem zieht«.

Nach Wilhelm von Saint-Thierry[3] ist Freude schon ein Stück spürbarer Verwandlung.

Dabei orientiert sich das Verwandeltwerden wohl an 2 Kor 3,18: »Wenn die Gott liebende und in der Liebe ihn fühlende Seele plötzlich als ganze verwandelt wird, nicht zwar in das Wesen der Gottheit, aber doch in eine übermenschliche, untergöttliche Seligkeit, in die Freude der erleuchteten Gnade und in die Erfahrung eines erleuchte-

1 Wilhelm von Saint-Thierry, Über die Natur und Würde der Liebe § 34.
2 Ders., Predigten zum Hohenlied 11,2.
3 Ders., Der Spiegel des Glaubens § 66.

ten Bewußtseins ... dann fühlt auch das Fleisch das Angeld der ver-
heißenen Unverweslichkeit und Verklärung. Freudig entsagt (der
Mensch) sich selber und eilt eifrig seinem Geiste nach, wie dieser auf
Gott zueilt.« Dies sei dann »der Jubel des seligen Volkes Gottes, das
den Jubel kennt, das im Licht des Antlitzes Gottes lebt«. – In § 67 derselben Schrift spricht Wilhelm von dem plötzlichen Aufblitzen der
Gnade, »solche Freude« ruhe auf sicherem Glauben. So kommen
ewiges Leben und Freude zustande, »die dem, der sie hat, keiner rau-
ben wird.«[1]

d) Wo immer der Mensch deshalb dem Schöpfer begegnet oder
wiederbegegnet, hat er Anteil an dessen Daseinsfreude. Und dieses
könnte man ein wichtiges Kriterium von Wahrheit nennen. Und:
Nach biblischem und monastischem Menschenbild ist Freude unteil-
bar, das heißt: Sie betrifft immer Leib und Seele zusammen. Gerade
auch aus den Predigten Bernhards von Clairvaux zum Hohenlied
wird – nicht ohne Anhalt an den ausgelegten Texten – deutlich: Der
Leib ist und bleibt Vermittler des Glücks. Wenn Gott »substantiell«
die reine Freude ist, dann besteht das Heil darin, daß diese Freude
sich in ihrem ansteckenden Charakter auswirkt.

e) Freude ist die innere Substanz, die Innenseite himmlischer Dinge
und Personen. Wenn nichts Schwaches und Vergängliches mehr da
ist, dann ist Freude. Daher kann man sagen: Innerlich besteht Gott
aus Freude.

f) Wenn schon die Entstehung eines Menschen bei der Zeugung mit
so viel Freude verbunden ist, wieviel Freude muß Gott dann erst bei
der Erschaffung der ganzen Welt gehabt haben? – So könnte eine rabbinische Weisheit lauten oder lautet sie. Jedenfalls ist der Satz Antwort auf die Frage nach dem Sinn alles Seins und der ganzen Schöpfung: Freude. – Zur Leichtigkeit: Freude ist vielmehr ein Versuch, Gott
nach der psychischen Seite hin in einem menschlichen Bild zu erfas-
sen. Bei Bernhard von Clairvaux kommt das gut zum Ausdruck: Der
wunderbaren Heiterkeit, die wir erhoffen (mira serenitas) entspricht
die Leichtigkeit (facilitas), aus der heraus wir erschaffen wurden.[2]

g) Die Leichtigkeit gilt auch für das Handeln der Menschen: In Gal
5,22 f erscheint Freude unter den Früchten des Heiligen Geistes (»Wer

1 Ebenda § 70.
2 Werke 5; Predigten zum Hohenlied S. 165.

sich aber vom Heiligen Geist leiten läßt, der kann lieben, sich freuen, Frieden halten, der hat einen langen Atem, ist freundlich und gütig, treu, [23] von sanfter Geduld und Selbstbeherrschung ...«). Die Freude erscheint hier neben sozialen Verhaltensweisen. Wir schätzen Freude in der Regel nicht so ein, da wir darunter vor allem das eigene Vergnügen verstehen. Die Bibel versteht darunter wohl Freude zu teilen und zu verursachen, vielleicht auch sich über andere zu freuen, denn so kann Gemeinde entstehen.

h) Zu 1 Petr 4,14: Vielleicht darf man in diese Vision einstimmen, Gottes Shekinah über einer zusammengepferchten Schar jüdischer Märtyrer auf dem Weg in ein Vernichtungslager. Denn Shekinah ist Gottes Gegenwart.

Ist ihr Weg doch nicht reine Gottverlassenheit? Ist ihr Tod ein Teil zur Erlösung der Welt, eingefügt in den Tod des Messias?

Jedenfalls jüdische Märtyrerberichte früherer Zeit sprechen so: Der Prophet Jesaja, heißt es, während er zersägt wurde, schrie nicht und weinte nicht, sondern sein Mund redete mit dem Heiligen Geist, bis er in zwei Stücke zersägt worden war (AscJesaiae 5,14). Und der christliche Märtyrer Ignatius wird wenig später im Blick auf sein bevorstehendes Martyrium in Rom schreiben:»Je näher das Schwert kommt, desto näher bin ich Gott. Inmitten der Bestien bin ich mitten in Gott.« Und Märtyrertexte sprechen davon, daß die Augen Gottes auf dem Märtyrer ruhten, daß er schon zu Lebzeiten die unsichtbare Krone der Märtyrer trug.

Und selbst noch von den christlichen Toten sagt es eine alte christliche Liturgie (die maronitische):»Wie der Adler um seinen Horst schwebt und seine Fittiche über seine Jungen ausbreitet, so wird der heilige Geist über deinem Leib schweben, du hast ihn in der Taufe angezogen und mit Pracht ihm gedient«.

Das bedeutet: Dort, wo der Märtyrer dem Tod am nächsten ist, ist auch Gott ihm am nächsten. Wo er von allen verlassen zu sein scheint, ist Gottes Geist doch bei ihm. Denn er redet im Märtyrer, wenn dieser mutig als Zeuge bekennt. Wie eine unsichtbare Feuersäule zieht er voran durch die Stunden größter Bedrängnis.

Es ist dies die Spiritualität der Verfolgten, der mutigen Bekenner, die oft zu einem Bekenntnis imstande waren, das ihnen kein Mensch zugetraut hätte. – Denn wenn Jesus sagt:»Selig die Verfolgten«, dann

ist ein Zipfelchen Seligkeit schon jetzt bei ihnen, dann ist Gottes Verheißung über ihnen so wie Gottes Angesicht leuchtet über Menschen.
So meinen die Seligpreisungen weder eine platonische Leibfeindlich-
keit noch die Unbeweglichkeit des stoischen Gemüts, sondern sie
meinen die Bedeutung des Unsichtbaren für das Sichtbare.

SPIRITUALITÄT DER FREUDE

Wie kaum etwas anderes ist »Freude« ein Merkmal frühchristlicher
und monastischer Spiritualität. Das kommt einerseits daher, daß
Freude ganz zentral in das Gottesbild gehört, und andererseits ist
Freude das himmlische Ziel des Menschen. In der Zwischenzeit wird
die Freude im Gottesdienst gefeiert, und Freude ist auch die Art, in
der die Christen dauerhaft Widerstand leisten in einer Welt der
Schmerzen und der Ungerechtigkeit. Gerade weil Freude vormora-
lisch ist und dem Heiligen Geist »benachbart«, ist es ein Geschenk,
sich daran orientieren zu können, und doch auch eine Frage des
Schweigens und der Einsamkeit, ob sie denn wirklich wie eine Köni-
gin eintreten kann (so wie sich Juden den Sabbat am Freitagabend
vorstellen). Nach einem Wort Bernhards von Clairvaux aus den Sen-
tenzen sind Christen Menschen mit Blumen in den Händen.

DER GLANZ DER ORDNUNG BEGEISTERT

Nicht die Ordnung selbst »begeistert«, sondern der Glanz, der über
ihr liegt. Das ist das Element der Faszination, das auch beim Ausgangspunkt des Verliebtseins zentral wichtig ist. Bereits oben wiesen
wir kurz darauf hin, daß dieses ein ekstatisches Element zu nennen
ist. Denn
    – das Entscheidende liegt nicht in der Konfrontation mit dem
fremden Soll, sondern in der Kraft zum Sprung über sich selbst hinaus, die hier vermittelt wird. Diese Begeisterung ist auch mehr als
Vertrauen. Beim Vertrauen steht die Geborgenheit im Vordergrund,
hier dagegen der Schritt aus der Geborgenheit hinaus.
    – das Aufblitzen des Glanzes der Ordnung ist das Unbedingte. Erst
»im Himmel« wird dieses ganz zugänglich sein. Bis dahin wird es immer nur im Augenblick zugänglich. Dieser ist weniger der Augenblick

der Unterbrechung als vielmehr die Sekunde, in der ich den liebreichen Charme einer gotischen Madonna erfasse – genau das, was nicht machbar, sondern nur geschenkt ist. – Das Bild der Madonna wird hier nicht zufällig gewählt. Für das ganze Mittelalter ist sie mehr als nur das Mädchen aus Nazareth. Sie ist der Typus des neuen Menschen, die von Gott Begnadete.

Fazit: Unsere Überlegungen lassen erkennen, daß die Entfaltung der Sequenz »Schönheit und Freude« zum Beispiel im Christentum mustergültig und mit großem Tiefgang geschehen ist.

HANDELN AUS LEIDENSCHAFT

Für die Mehrzahl der Zeitgenossen des frühen Christentums war die »Leidenschaft« als Basis des moralischen Handelns verpönt. Denn die leitende Vorstellung war das Maß. Leidenschaft dagegen war Maßlosigkeit. Das frühe Christentum hat sich hier freilich frühzeitig anders entschieden: Seit Irenäus von Lyon unterscheidet die christliche Ethik zwischen einer schlechten und einer guten Leidenschaft. Bei Bernhard von Clairvaux heißt es gar: Das Maß der Liebe ist, dass sie ohne Maß ist. »Der Grund, Gott zu lieben, ist Gott. Das Maß ist, ohne Maß zu lieben.« (Über die Gottesliebe 1,1) In der Tat kann man als biblischer Theologe ein Handeln aus Leidenschaft gut wiedererkennen in dem Hauptgebot des Alten und Neuen Testaments: »Du sollst Gott lieben aus deinem ganzen Herzen, aus deiner ganzen Seele, mit all deiner Kraft.« Und radikal haben diesen Grundsatz Augustinus und alle diejenigen verstanden, die die christliche Ethik so zusammenfassen wollten »Ama et fac quod vis«, »Liebe nur, dann magst du tun, was du für richtig hältst«.

Die gute Leidenschaft ist eine starke, nicht auf Maß und Verhältnismäßigkeit bedachte emotionale Kraft. Sie gewinnt ihre Legitimität nicht von Normen her. Denn Normen werden immer auf das Maß bedacht sein, auch im Sinne von »Du musst dich aber auch einmal selbst schonen«. Sie werden den Täter stets vor Radikalität bewahren wollen. Zum Beispiel hat eine an Normen orientierte Ethik wohl kaum Platz für den Fall des Martyriums.

Leidenschaft gewinnt ihre Legitimität von Ursache oder Ziel her,

christlich gesprochen: aus der Herrlichkeit oder Ordnung der Schöpfung oder aus der Herrlichkeit der eschatologischen Vision.

Die Konsequenzen

Vorentscheidung

VERMITTLUNG ZWISCHEN WAHRNEHMEN UND HANDELN

In der Diskussion der beiden vergangenen Jahrzehnte hat sich herausgestellt, daß die traditionell scholastische Weise der Erforschung der menschlichen Psyche von der modernen Verhaltenspsychologie oft nicht weit entfernt ist. In Anlehnung an die aristotelisch-thomistische Psychologie entwerfen wir daher hier ein Modell der Vermittlung zwischen ästhetischer Wahrnehmung und danach sich orientierendem Handeln. – Die dann folgenden Beispiele zeigen, daß dieses Modell zunächst im hellenistisch-orientalischen Bereich beheimatet ist. Es hat aber, so unsere These, weit über diesen Bereich hinaus Geltung. Was hier als philosophische Theorie dargestellt wird, ist wohl zu einem großen Teil auch heute in unserem Kulturbereich gültig – oder jedenfalls eine Diskussionsgrundlage.

Dargestellt wird daher jetzt ein Weg. Er verläuft von der ästhetischen Beeindruckung bis zum eigenen Handeln, das sich daran orientiert. Dieser Weg ist markiert durch »Stationen«, die wir einfach nach »Kräften« benennen.

desiderium: An den Anfang setzen wir die Sehnsucht des Menschen nach sinnlicher Erfahrung. Diese Sehnsucht kommt aus Neugier wie aus Streben nach Glück. Sie entfaltet sich z. B. in dem oben genannten Ausgangspunkt.

imaginatio receptiva: Wie eine Wachstafel läßt sich der Mensch sinnlich beeindrucken. Dabei ist das Nehmen und das Vorstellen eins. Es ist nicht günstig, hier Aktiv und Passiv zu unterscheiden.

memoria imaginativa: Das sinnlich Erfahrene wird in einem entsprechenden Gedächtnis(akt) so gespeichert, wie es erlebt wurde. Wer gerade eine schwarze Katze gesehen hat, wird sich unmittelbar danach daran erinnern können.

intellectus: Der Vorgang wird begriffen, das Gesehene wird als Katze benannt. Es kann auch sein, daß man sich nicht klar ist, ob das Gesehene dieses oder jenes Tier war. Dazu werden Merkmale »diskutiert«.

forma spiritualis: Insbesondere durch wiederholte Erfahrung kann der Mensch sich formen lassen. Sein geistliches Leben nimmt eine bestimmte Gestalt an.

voluntas imitativa: Der Mensch hat den Willen, das Erfahrene nachzuahmen. Weil er beeindruckt und geformt ist, greift er leicht auf das zurück, dem er seine Formung und Prägung verdankt.

imaginatio activa: Gegenüber dem Geprägtsein muß der Mensch die situativen Besonderheiten abwägen und als Veränderungen realisieren. So handelt er der Situation gemäß mit Phantasie und Einfühlungsvermögen.

actus imitativus: Der Mensch handelt in Nachahmung des Erfahrenen, das ihn geprägt und motiviert hat.

Wendet man dieses Schema auf unsere Fragestellung »Handeln aus dem Glanz der Ordnung« an, so kann man fragen: Wo ist in diesem Schema der »splendor«? Wir hatten bekanntlich oben den »splendor« bestimmt als etwas der »claritas« Verwandtes, also das lichtvolle Sich-öffnen, das Offenbarsein eines Gegenstandes.

In dieser Hinsicht gibt es nun offenbar verschiedene Intensitätsgrade. Wenn etwas mit überwältigender Deutlichkeit sich geradezu aufdrängt, dann sind Geprägtwerden und nachahmendes Handeln leichter.

Sachlichkeit und Sachgemäßheit

IM WIDERSTREIT ZWISCHEN BENUTZEN UND HEGEN

Von Dingen und Begegnungen erwarten wir Nutzen. Insofern neigen wir dazu, sie auszubeuten und unseren Daseinsinteressen zu unterwerfen. Viele verstehen den biblischen Auftrag an den Menschen »Macht euch die Erde untertan« in diesem Sinn und damit unrichtig. Denn die griechische Bibel redet hier vom Beherrschen und nicht vom Zerstören. Wer ein Auto beherrscht, wird es nicht gerade an die nächste Wand fahren, sondern es klug und schonend verwenden. Auch wird er es nicht als erstes in alle Bestandteile zerlegen.

Früher nannte man den, der einen Wald bewirtschaftete, einen Hegemeister, und ich habe in meiner Kindheit noch einen solchen gekannt. Welcher Kontrast schon in der Wortwahl zu einem »Forstwirt« oder »Forstbetriebsbeamten«. Ein Hegemeister beherrscht nicht, sondern meistert etwas, und er hegt, er schafft Raum zum Leben für Pflanzen und Tiere. Und wir assoziieren, vielleicht zu romantisch: Er tut es im Sinn der ehrwürdigen harmonischen Lebensgemeinschaft zwischen Mensch und Natur. Lebensraum zu ermöglichen, das meine ich mit dem Wort »Hegen«, nun sehr viel allgemeiner verstanden als nur auf den deutschen Wald bezogen. Wer hegt, muß die Lebensgewohnheiten derer kennen, die er hegend und pflegend begleitet.

VERANTWORTUNG FÜR DIE ZUKUNFT TRAGEN

Der Philosoph Hans-Eduard Hengstenberg rechnet »Sachlichkeit« zu den notwendigen und wünschenswerten Vorentscheidungen, die als innere Haltung einem ethischen Handeln vorausgehen: »Sachlichkeit ist aber mehr (d. h., als bloße Objektivität). Sie geht über bloße Objektivität hinaus, wenngleich sie diese als Grundlage voraussetzt. Das Konspirieren in der Sachlichkeit besagt, daß wir eine Verantwortung für das begegnende Seiende übernehmen oder jedenfalls in der Bereitschaft dazu stehen. Diese Verantwortung weist in die Zukunft. Wir erwarten etwas für das Seiende, aber so, daß wir selbst dabei engagiert sind. Wir hoffen für dieses Seiende und sind bereit, dafür Opfer zu bringen, daß es zu seinem Werdensziel gelange. Somit ist Sachlichkeit die Verantwortung übernehmende, prospektive und propulsive Erwartungshaltung in Bezug auf das Begegnende ...«.[1]

Falls wir das richtig verstehen, was das Naturgesetz uns lehrt, ist ein vornehmliches Ziel der lebendigen Wesen, ihre Art zu erhalten. Daraus folgt, daß jedenfalls auch die Erhaltung der Arten vom Menschen her wenigstens in manchen Fällen subsidiär zu leisten ist.

Sachkenntnis ermöglicht dem Menschen, sachlich zu sein. Sachkenntnis gehört deshalb nach meiner Meinung zu den vier Säulen, auf denen z. B. christliche Wahrheitsfindung steht: Schrift (1.), Tradition der Konzilien und Bekenntnisse (2.), Sachkenntnis (3.), Überlegungen zur möglichen Akzeptanz und Wirkung einer Entscheidung

---

1 Hengstenberg, Menschliche Verhaltensstrukturen, 1990.

(4.). – Sachzwänge dagegen erweitern nicht den Spielraum des Menschen (im Unterschied zur Sachkenntnis), sondern engen ihn ein.

MASSTÄBE DER SACHGEMÄSSHEIT

Nun kann man bekanntlich »Sachgemäßheit« so oder so auslegen, besonders wenn man etwas Sachkenntnis hat. Daher ist Sachlichkeit oder Sachgemäßheit zwar eine Vorentscheidung, aber sie ersetzt nicht eigentlich die Entscheidung. Das Ziel sachgemäßen Handelns kann schließlich auch nicht einfach (konservativ) der Erhalt des Handwerks sein.

Vielmehr gehören explizit zu der schon angedeuteten Verantwortlichkeit des Menschen zwei weitere Elemente: der Mut, neue Seiten in der Beschäftigung mit dem Thema aufzuschlagen, und die Bereitschaft, sich dieses etwas kosten zu lassen (ein Risiko auf sich zu nehmen, zeitlich, finanziell, mit seinem ganzen Leben). Beides geht über die bloße Verwaltung eines Themas entschieden hinaus.

WERTE GEHEN ÜBER SACHGEMÄSSHEITEN HINAUS

Während Sachlichkeit eher eine grundsätzliche Haltung beschreibt, geht es bei den Werten nun wirklich um Maßstäbe für ethische Entscheidungen.

Für das christliche Denken ist, wie schon angedeutet, das Leben der Höchstwert, und zwar zunächst das menschliche.

Betrachtet man die Werte-Ordnung der Bibel einmal nicht positivistisch-dogmatisch, sondern »von unten« her, dann kann man erkennen, daß Entstehen und Vergehen des Lebens, also Geburt und Tod, deshalb so umsorgt und pingelig geregelt sind, weil es sich hier um »besondere Aktivitätszonen« Gottes handelt. Theologisch formuliert: Hier ist der biblische Gott als der Herr des Lebens, als Schöpfer und Besitzer alles Lebens, wirksam. Deshalb sind die Zonen von Entstehen und Vergehen des Lebens für biblische Ethik heilig.

Das hat sehr viel zu tun mit der These, menschliches Leben sei etwas Heiliges. »Oberster christlicher Wert ist . . . die absolute Heiligkeit allen menschlichen Lebens.« (Und im Blick auf die Anteilhabe Gottes am menschlichen Leben durch Jesus Christus): Was viele also nur für menschlich halten könnten, ist in Wirklichkeit göttlich. Eine solche Adelung des Menschengeschlechtes hat es in keiner anderen Kultur gegeben – auch in keiner anderen Religion. Oder hat schon einmal jemand gehört, daß sich die ehrwürdige Kultur Chinas etwa besondere Verdienste um die Heiligkeit des Lebens erworben hat (und in Folge: zur Würde der Person und der Heiligkeit seiner Freiheit) – oder das edle Indien und das alte Rom? Selbst zum Judentum, das die christliche Annahme der Heiligkeit allen menschlichen Lebens tausend Jahre lang vorbereitet hat, ist die eigene Menschwerdung Gottes eine letzte unannehmbare Radikalisierung – wie das weithin als unerfüllbar geltende Gebot der Feindesliebe, das auf Jesus selbst zurückgeht. War er nicht der Mensch gewordene Gott, dann scheint die Forderung absurd. War er es aber, dann wird sie nicht nur sinnvoll, sondern ein Muß. Denn am menschlichen Leben hat ja auch der Feind teil! – also auch das menschliche Leben der Islamisten, der Serienmörder, der Kannibalen, auch das von Osama bin Laden und anderen Feinden der Menschheit. Ihr Leben ist geheiligt. Sie sind Menschen. Christliche Werte bilden keinen Katalog, sondern ein Sinngebäude. – Alle anderen Werte lassen sich von der Heiligkeit des menschlichen Lebens durch die göttliche Menschwerdung also fast schon mathematisch ableiten. Das betrifft die Weitergabe des menschlichen Lebens, die Definition vom Anfang des Lebens, die Solidarität mit den Lebenden in jeder Daseinsstufe (und selbst mit schwersten Behinderungen), das Lebensende.[1]

Auch Immanuel Kant nennt in seiner »Kritik der praktischen Vernunft« die Heiligkeit. Aber er kennt nur eine Heiligkeit des Gesetzes, nicht des Lebens.[2] Damit bleibt er im Formalen.

Praktische Konsequenzen

Am Beispiel der Bewahrung des Sonntags (bzw. Sabbats) als eines arbeitsfreien Tages läßt sich die Brisanz des vorgeschlagenen Ansatzes zeigen. Die Siebenzahl ist unschwer als eine Zahl der Schöpfungsordnung auszumachen (4 mal 7 als Mondzyklus, 40 mal 7 als Zeit einer

1 Paul Badde, in: Die Welt, 24. 12. 2004.
2 Hg. Vorländer 112.157.

Schwangerschaft). Daher gilt die Vier als Symbol für die bestehende Welt, die Vierzig als Maß für mittlere Dauer im menschlichen Leben, die Sieben als Maß für Vollkommenheit auf Erden. An diese Rolle der Siebenzahl knüpft das Gebot an, den siebenten Tag heilig zu halten. Schon die Schöpfungserzählung der Priesterschrift folgt diesem Schema. Die Begründung ist humanitär und theologisch zugleich. Den Sklaven soll an diesem Tag keine Arbeit zugemutet werden. Der Sonntag ist nicht nur ein Kulturgut (wie Folklore auch), sondern heilig im Sinn des zentralen Lebensbegriffs der Bibel. Die Auflösung des Sonntags in der modernen Gesellschaft ist daher ein extremer Ordnungsverlust. Er wird extrem lebens- und familienfeindlich.

Ähnliches gilt von der Ordnung des Kirchenjahres, die ja nicht frei erfunden ist, sondern mit Frühlingsmond (Ostertermin) und Sonnenwende (25. Dezember) zusammenhängt, deren Vorgeschichte in unvordenkliche Zeiten hinabreicht. Auch hier gilt der Satz: »Denn auch im Bewahren natürlicher Lebenszusammenhänge, welche den Menschen übergreifen, wird Menschlichkeit bewahrt: Wenn wir uns zu ihnen nicht allein instrumentell oder funktional verhalten, tun wir das ja im Wissen darum, daß der Mensch selber »Natur« ist«.[1]

Der Zielsetzung des Gorgias im gleichnamigen platonischen Dialog »Freiheit für mich und Macht über andere« steht der Grundsatz der vernünftigen Schöpfungsordnung von der fundamentalen Gleichheit aller Menschen (im Unterschied zu Tieren, vor dem Recht, angesichts des Todes) entgegen: »Die fundamentale Gleichheit der Menschen wäre bedroht, wenn die einen die Planer der anderen wären.«[2] Daher verbieten sich Menschenproduktion, Gen-Manipulation und Euthanasie.

»Bestimmte Tabus dürfen einfach niemals zur Disposition stehen«. Das gilt z. B. »für die »Tötungshemmung gegenüber Wehrlosen (Kleinkindern, Behinderten, Moribunden).«[3] Die Einsicht in die Nicht-Verfügbarkeit des Menschen gehört auch zu den Konsequenzen.

Gegenüber der prophetischen Ethik hat man die ethischen Konse-

1 O. Kallscheuer, Rez. R. Spaemann.
2 Ebenda.
3 Ebenda.

quenzen der priesterlich-kultischen Ordnung völlig vergessen; in den reformatorischen Kirchen auch aus dem Trugschluß heraus, das Priesterlich-Kultische sei nun obsolet geworden. Dabei legt doch gerade die Rechtfertigungslehre die strikte Priorität des durchaus sakralrechtlichen Zuspruchs der Gnade fest. Denn genau dieser betrifft die vor-ethische Heiligung.

Nach den obigen Bemerkungen zur priesterlich-kultischen Ethik gehört es zu den Konsequenzen aus der Übung des Segens, daß Menschen als von Gott gesegnete nicht für Menschen verfügbar sind. Und wenn das Machtmonopol bei Gott liegt, worauf der Kult gleichfalls hinweist, dann verbietet sich Gewaltausübung (im Sinn unberechtigter Gewalteingriffe) gegen Menschen.

Sünde und Schuld – Verfehlung und Vergebung

Die Ästhetik von Sünde und Vergebung

Wo eine Ordnung die zentrale Konzeption ist, müssen auch Verlust der Ordnung und ihre Wiederherstellung diskutiert werden. Sünde ist Maßlosigkeit, und damit sprengt sie die Ordnung. Und sie bedeutet Verlust von Ansehen und damit von Herrlichkeit. Wenn Sünde vergeben wird, ist das, bildlich gesprochen, Anlaß für ein herrliches Fest, zum Beispiel für das Fest, das der Vater des verlorenen Sohnes nach Lk 15 veranstaltet, da sein Sohn verloren war und wieder gefunden wurde. Und der Sohn wurde ja auch wieder mit Gewand und Ring neu eingekleidet. Auch in den beiden vorangehenden Gleichnissen wurde die Umkehr des Sünders jeweils mit einem Fest gefeiert. Der kirchliche Sinn der Vergebung äußert sich in dem in allen drei Gleichnissen genannten Fest.

Die Schönheit des Gottesvolkes ist vor allem anderen auch die durch die Umkehrpredigt Elias und die Vergebung der Sünden wieder erreichte endzeitliche Vollkommenheit der, wie man sagte »zwölf Stämme«, oder wie es das Neue Testament sagt, der Einheit von Juden und Heiden, wie es im Lobgesang Simeons (Lk 2,30f) formuliert ist: »Jetzt sehe ich selbst, wie du Erlösung gewirkt hast vor den Augen aller Völker. Um die Heiden zu erleuchten, hast du ein Licht angezündet und Israel, dein Volk, mit Herrlichkeit gekrönt«.

SÜNDE UND SCHULD IM RAHMEN EINER ETHIK

Sünde und Schuld sind hier nicht eingegrenzt auf das Sündigen »vor« jemandem, vor einer Person, wie es der verlorene Sohn bekennt (»Vater, ich habe gesündigt vor dem Himmel und vor dir«). Es geht allgemein um die Folgen eines Tuns, die oft genug unaufhebbar und gar nicht wiedergutzumachen sind. Inbegriffen sind auch psychische Schäden am Täter selbst.

»Sünde und Schuld« meint daher mißlungenes ethisches Handeln. Meint: Normverstöße, nach unserem Ansatz: Verstöße gegen die Heiligkeit des Lebens. Erfahrungsgemäß können solche Störungen nur von der Wurzel des Lebens, seiner Quelle, von der Wurzel seiner Heiligkeit her behoben werden. Das schließt eine rein moralische Lösung im Sinn von »nicht wieder tun«, »besser machen« aus. Es empfiehlt sich, dieses Thema nicht abstrakt und dogmatisch, sondern auf die Erfahrung bezogen zu diskutieren. Das ist auch deshalb nötig, um dem Einwand auszuweichen, Sünde werde den Menschen durch »die Kirche« eingeredet, um damit die Notwendigkeit einer späteren Erlösung zu begründen. Sünde hängt zusammen mit der Erfahrung des »schlechten«, anklagenden Gewissens. Und die Dimension der Schuld trifft sich mit der Alltagsweisheit des Zusammenhangs von Tun und Ergehen, nach dem der Mensch durch sein Tun irgendwann »eingeholt« wird. Die im Bild der Erinnyen gefaßte Erfahrung der Griechen sagt Entsprechendes.

Die Rolle der christlichen Religion angesichts dieser Erfahrung ist erstens die Klärung und Erfassung, zweitens der Aufweis einer theologischen Dimension, drittens der Aufweis einer Möglichkeit der Befreiung (Vergebung).

VON SÜNDE ZU SPRECHEN BEDEUTET ERFAHRUNG ZU KLÄREN

Zur Klärung hat der christliche Glaube dieses beizutragen:

1. Weil Gott das Leben ist und das Leben Gott, bedeutet Sünde immer ein Handeln in Richtung auf Tod, weil sie Leben zerstört.

2. Sünde ist maßlos gewordener Egoismus. Jede Maßlosigkeit bedeutet Verletzung der Ordnung. Der Egoismus ist Verletzung der – in diesem Buch vorgestellten – Ordnung, weil der Egoist nur sich selbst sieht und nicht das Miteinander. Gewiß braucht der Mensch Lust, um leben zu können. Sünde ist erst dort gegeben, wo er Mensch die geschaffene und lebensnotwendige Lust ins Maßlose überschreitet und egoistisch werden läßt. Erst dann ist Sünde gegeben. Das bedeutet: Der Mensch ist schwach und auf Lust angewiesen, zum Essen, zur Sexualität, ja zum Leben überhaupt. Das ist nicht Sünde. Sünde gibt es erst dann, wenn aus der notwendigen vitalen Lust die maßlose Begierde wird.

3. Sünde ist Vorspiegelung, ist Simulation des Guten. Im übrigen kann man nachweisen, daß in der christlichen Tradition das gesamte

Thema »Teufel und Dämonen« es mit dem Phänomen der Simulation zu tun hat. Der Teufel spielt Gott. Nach Paulus nistet sich die Sünde beim Menschen ein. Das setzt voraus: Sünde kommt von außen in den Menschen hinein. Sie spiegelt ihm etwas vor, nämlich Lebensgewinn, Erfüllung der vitalen Bedürfnisse. Aber weil wir schwach sind, vergessen wir unsere Grenzen, werden wir maßlos. So lassen wir uns mit der Sünde ein und verfallen dem, was wir eigentlich nicht wollen, dem Tod. Vitalität ist nicht per se ungerecht, aber sie kann ungerecht werden, wenn wir das Maß und die Norm verlassen.

Sünde ist daher eine Sucht zum Tode, vergleichbar einem dunklen, wilden Strudel, der den Menschen in Richtung Tod mitreißt. Wie wenn nach einem Unwetter braune Wassermassen fast unwiderstehlich einem Abfluß zueilen und alles mitreißen, was sich ihnen in den Weg stellt. Sünde ist eine wilde Sucht zum Tod. Wenn wir uns nur eingelassen haben, treibt der Strudel uns dem Tod zu. Nur der erste Schritt war noch freiwillig. Dann wird die Sünde Herrin über unser Inneres, vergiftet und verdirbt unser Wollen. Die Verflechtung mit diesem Habitus wird noch größer, wenn wir anfangen, diese Abhängigkeit auch noch ideologisch zu begründen.

SÜNDE IST EIN RELIGIÖSES PHÄNOMEN

Sünde hat zweitens etwas mit Gott zu tun. Durch diese Erklärung, die das Christentum gibt, wird die ungewisse Dumpfheit, sich irgendwie verfehlt zu haben, eindeutig in eine bestimmte Richtung hin gedeutet.

Denn wer sündigt, verfehlt sich gegen die Ordnung des Lebens und damit gegen den Schöpfer, der für diese Ordnung »steht«.

Das hat durchaus etwas mit Spiritualität zu tun, denn Spiritualität heißt: Das Leben des Menschen und er selbst gewinnen Gestalt von innen her. Dabei geht es dem Menschen, der sich verfehlt hat, wie dem verlorenen Sohn, der plötzlich einsieht: »Ich habe gesündigt vor dem Himmel und vor dir«. »Vor dem Himmel«, das meint Gott – und zwar nicht als den, der den Menschen belastet, sondern der den Schrei des Bekenntnisses hört. An Gott ist dieser Schrei gerichtet, und er konnte glücklicherweise Adressat dieses Urschreis am Anfang des neuen Lebensabschnittes werden.

Einen anderen, erstaunlichen Aspekt bietet das Hiob-Buch in 14,6. Hiob bittet Gott:»Blicke doch weg vom Menschen, damit er Ruhe hat, daß er sich wie ein Tagelöhner seines Tages freue.« Während sonst Beter um Zuwendung Gottes bitten, gilt hier das Gegenteil. Hiob bittet Gott, er möge von ihm wegblicken, ihn mit seiner Gegenwart verschonen. Doch es gibt keine Schonzeit, Hiob wird nicht freundlicherweise für haftunfähig erklärt. Das erflehte Nicht-Hinsehen mutet Gott ein Handeln innerhalb der Grauzone zu. Das Gebet Hiobs steht genau zwischen Vergessen und Gejagtwerden. Solange der Mensch betet, darf er hoffen, daß Gott die Prozeßvorbereitung wenigstens unterbricht. Das ist die Hoffnung Hiobs hier: Gott bewahrt vor der Unmenschlichkeit ständiger Erinnerung und gibt die Möglichkeit des Betens. Zwischen Gottes Größe und der Schuld des Menschen liegt überdies also auch die Gnade der Alltäglichkeit. Ein Weiterleben ohne die ständige Angst vor dem Gejagtwerden ist nur möglich, wenn Gott darum gebeten wird, die Verantwortung zu übernehmen. Gott möge das zerbrechliche Kartenhaus bestehen lassen.

SÜNDE KANN VERGEBEN WERDEN

Sünde hat drittens etwas mit Vergebung zu tun. Oft hat man dieses vergessen: Von Sünde und Schuld ist im Christentum überhaupt nur deshalb die Rede, weil es hier die Instanz gibt, die Vergebung gewähren kann. Das ist ähnlich wie auch mit dem Teufel. Er kommt nur deshalb im Christentum vor, weil dieses von seiner Überwindung kündet. Den Teufel gibt es in der christlichen Religion nicht, um Angst zu machen. Ebensowenig gibt es die Rede von Sünde und Schuld, um Menschen mit Freudlosigkeit zu belasten. Beide, Teufel und Sünde, werden nur anläßlich der Möglichkeit genannt, von ihnen befreit zu werden. Beide werden in ein Drama eingebaut, an dessen Ende sie beide verschwunden sind und nichts mehr zu sagen haben.

Das Neue Testament versteht die Befreiung von Sünde im wesentlichen zukunftsgerichtet. Wenn am Ostermorgen Jesus nach Joh 20 die Jünger mit dem Heiligen Geist anhaucht, indem er sagt:»Empfangt den Heiligen Geist. Wenn ihr Menschen ihre Sünden vergebt, dann sind diese vergeben«, dann ist das ganz analog zu Gen 2 verstanden, zur ersten Schöpfung, bei deren Aufrichtung Gott dem Adam seinen

Lebensgeist mitteilt. Denn Vergebung bedeutet die entscheidende Reparatur der Schöpfungsordnung. Man kann die Vergebung jedoch auch mit dem Kreuz Jesu verbinden. Dieses wird dann entweder als Stellvertretung im Sinn stellvertretender Hingabe des Lebens oder als Bund betrachtet. In beiden Fällen aber wird eine höhere Ordnung »bemüht« oder »zur Geltung gebracht« oder in Kraft gesetzt, die als solche die gestörte kreatürliche Ordnung heilt. Denn sowohl Bund als auch Stellvertretung sind juristische Kategorien. Da sie vom Schöpfer des Lebens her in Kraft gesetzt sind, sind sie höheren Rechts und können die gestörte irdische Ordnung der Kreatur heilen. Das ist, wie wenn man einen Motor aus minderwertigem Material durch Ersatzteile aus Edelmetall reparieren würde. Auf diese kostbare Art geflickt, kann der irdische Motor länger laufen, als je gedacht.

Dieser Abschnitt zeigt daher, daß die erwartbaren Defekte und Verfehlungen durch eine »höhere« Ordnung gegebenenfalls behoben und gelöst werden können. Dabei fällt auf, daß diese Art von Heilung risikoreich und alles andere als selbstverständlich ist. Nach Auskunft des Neuen Testaments selbst schon ist bereits Vergebung unter Menschen geradezu »göttlich«, also eigentlich die kaum erwartbare Ausnahme.

Ethik der Herrlichkeit

Die Lehre von den drei Zonen

Wir haben drei Zonen unterschieden:
Die Zone des Wahrgenommenen. Dazu gehören die Ordnung der
Schöpfung, die bunte Ordnung des Künftigen (Bild: himmlisches Jerusalem). Dazu gehören Bilder und Vorbilder. Eine eigene Ordnung
ist die der Zeit.

Die Zone der Wahrnehmung im Menschen: Der Mensch wird berührt vom Glanz, und zwar geschieht das »unbedingt«, er wird gefan-
gen genommen. Er verliebt sich in die Weisheit und ihre Schönheit. Er
lernt es, dem Rhythmus der Zeit zu folgen, indem er ihn beobachtet.
Die Klarheit der Wahrnehmung bereitet ihn für sachgemäßes Handeln vor. – Wahrgenommen wird Herrlichkeit auch – wenn es
glückt – in der Liturgie und zwangsläufig in der Gegenszene zu Liturgie, in der Politik, die sich immer wieder ästhetisch und quasi-litur-
gisch selbst inszeniert.

Die Zone der Praxis oder des Handelns: Im Betrachten der Ordnung
wird der Mensch dem ähnlich, das er betrachtet. In der personalen
Dimension der Liebe findet er sich und sein Gegenüber im Anblick
der Schönheit.

Den Vorzug einer nicht-normativen Ethik sehe ich darin, daß durch
die ästhetische Dimension der Weg vom Erkennen und Wollen zum
Handeln emotional verkürzt wird. Zumindest ein Teil der Diskussion
um Zielvorstellungen kann durch die Evidenz des Geschauten
(»Schönheit«) verkürzt werden.

Taufe 37

Abkürzungen

Apk: Johannes-Apokalypse
AscJesaiae: Ascensio Jesaiae
Dan: Daniel
Dtn: Deuteronomium (5. Buch Mose)
Gal: Galaterbrief
Gen: Genesis (1. Buch Mose)
Hebr: Hebräerbrief
Jak: Jakobusbrief
Jes: Jesaja
Joh: Johannes(evangelium)
Kol: Kolosserbrief
Kor: Korintherbrief
Lev: Leviticus (3. Buch Mose)

Lk: Lukas(evangelium)
Mk: Markus(evangelium)
Mt: Matthäus(evangelium)
Petr: Petrusbrief
Phil: Philipperbrief
Prov: Proverbia (Sprüche)
Ps: Psalm(en)
Röm: Römerbrief
Sir: Jesus Sirach
Thess: Thessalonicherbrief
Tim: Timotheusbrief
Weish: Weisheit Salomos